好奇与敬畏

研究生导行杂谈

梁宋平 著

图书在版编目（CIP）数据

好奇与敬畏：研究生导行杂谈/梁宋平著. —北京：北京大学出版社，2024.3

ISBN 978-7-301-34876-5

Ⅰ.①好… Ⅱ.①梁… Ⅲ.①研究生教育 Ⅳ.①G643

中国国家版本馆CIP数据核字（2024）第046584号

书　　　名	好奇与敬畏——研究生导行杂谈 HAOQI YU JINGWEI——YANJIUSHENG DAOXING ZATAN
著作责任者	梁宋平　著
责任编辑	刘　洋　郑月娥
标准书号	ISBN 978-7-301-34876-5
出版发行	北京大学出版社
地　　　址	北京市海淀区成府路205号　100871
网　　　址	http://www.pup.cn　新浪微博：@北京大学出版社
电子邮箱	编辑部 lk2@pup.cn　总编室 zpup@pup.cn
电　　　话	邮购部 010-62752015　发行部 010-62750672 编辑部 010-62764976
印　刷　者	北京鑫海金澳胶印有限公司
经　销　者	新华书店 720毫米×1020毫米　16开本　11.25印张　131千字 2024年3月第1版　2024年3月第1次印刷
定　　　价	55.00元

未经许可，不得以任何方式复制或抄袭本书之部分或全部内容。
版权所有，侵权必究
举报电话：010-62752024　电子邮箱：fd@pup.cn
图书如有印装质量问题，请与出版部联系，电话：010-62756370

谨以此书献给

在湖南师范大学与北京大学和我共同度过一段难忘时光的研究生们

内容提要

本书作者以自己曾作为硕士研究生、博士研究生的经历,以及30余年作为研究生导师的体会和在高校分管研究生教育多年的思考,为新入学的研究生介绍了一些有关研究生的重要理念。作者以科学散文的风格,以与研究生交流的形式,笔谈了研究生步入学术殿堂应有的心态、研究生与本科生关键的不同、研究生应具备的好奇心与敬畏心、哲学思维对学术研究的启迪、研究生与导师的相互成就、研究生主动参与论文选题的意义、动手能力与核心研究方法的重要性、如何应对压力与挫折、研究生情商的培养、如何让业余生活与研究和学习相得益彰、独立思考与创新思维能力的训练、有关学术论文与学位论文的写作要点,以及研究生回报社会的情怀与今后的自我完善等,并列举了具体实例加以说明。本书对生命科学等理科类的研究生更有针对性,也可为其他学科研究生的学术研究理念提供借鉴。

前 言

研究生教育是人类社会发展过程中所构建的含有学术研究的教育系统，现在已遍布全世界大多数国家。它的建立基于人类对知识和学术研究规律的探讨与对教育体系的理解。近代研究生教育最早出现于19世纪的德国，德国著名学者威廉·冯·洪堡（Wilhelm von Humboldt）具有突出贡献，他率先把科学研究引入大学教育。1809年由他创建的柏林大学被视为研究生教育的发源地，距今已有200余年的历史。

200余年来，大多数学术创新者都有研究生的经历。
200余年来，大多数大学的任教者也曾为研究生。
200余年来，无数人通过研究生教育开拓新的人生之路。

20世纪80年代初，我在北京大学生物学系读完3年硕士研究生，相继又读完3年博士研究生，其后在美国波士顿大学完成3年博士后研究，体验到研究生学习的全过程。从20世纪90年代初开始，我在湖南师范大学和北京大学共指导36位博士研究生和60余位硕士研究生完成了学业，他们后来云散天下，在国内外各地谋生。他们中的多数成为我至今保持联系的朋友，其中有些也成为大学教授、博士生导师、学术单位的领导以及生物技术企业的创业者。

研究生学业的完成基本上是每一位研究生自己努力的结果，导师的作用重要但有限，而且，回想起来，我作为导师还有很多应为他们尽责而未尽到的地方，期盼他们予以谅解。上述做研究生和研究生导师的经历，也让我获得了一些如何做研究生的体会，即对一名研究生而言，什么理念对成功完成学业是有帮助的，什么是读研过程中的关键环节，什么素质培养对研究生特别重要，研究生遇到压力、烦恼和曲折如何应对，研究生能否既有好的生活质量又能成功获得学位。这些来自我自己做研究生和导师的心得，也可以说存在决定意识。我在担任湖南师范大学副校长的6年中，分管的也是研究生教育，该工作也促使我经常思考有关研究生的理念与问题。

基于以上亲身体会，从2001年开始，为了帮助新入学的研究生尽快从本科生进入研究生角色，我开设了一门"研究生入学导行"的课程，该课程以交流杂谈的方式进行，目的是结合自己做研究生和做导师经历的亲身体会，为研究生介绍一些重要的理念，帮助研究生尽快进入角色。即便我已退休，这门小课仍然为每一届新研究生开设。不见得所有听课的研究生都看重这门小课，但绝大多数研究生听完此课的问卷反馈是很有收获或有收获。为讲课需要，我也编写了一本与课程同名的讲义。与此同时，我在《中国科学报》《湖南师大报》上发表过数篇有关研究生理念的文章。这一次，我将上述课程讲义和文章整理修改，形成这本著作。

研究生的历程可比作一名旅行者对一个从未去过的远方的一次探索性旅行，或者一名登山者对远方一座新雪山的第一次攀登。出发是重要的，只有出发才意味着有可能到达。出发时的准备工作对成功抵达也是很重要的。对上述旅行者和登山者而言，准备工作主要是物质上和知识上的（如物资设备、详细路线、天气预测和可能的困难等），另外，还有身体上和心理上的准备。

对于一位开始硕士或博士学位攻读历程的研究生而言，除了上述几方面的准备之外，更为重要的是思想理念上的准备。因为未来的行程是在某个带有一定未知特性的学术领域里进行的，更复杂、更有不确定性；因为科学研究本身有特定的内涵和规律，对前行者的素质有特殊的要求。很多研究生生涯的过来者，在回顾自己的学习与研究历程时，会提到一些带有共性的关于研究生的重要理念。一些研究生导师在对研究生的辅导报告与开学讲座上也会提到一些带有共性的研究生应当具备的重要思想。

对这些思想理念，了解与不了解，是会产生差别的。从这一点而言，本书可能对新入学的研究生有所帮助，而这也是我写作本书的初衷。

我自己曾是生命科学领域的研究生，而作为导师指导过的也是该领域的研究生，因而本书的内容和举出的实例对生命科学相关的研究生有更多针对性。尽管不同专业的研究生，学习内容、研究课题、培养过程有很大差别，但其学习、研究和历练的过程仍有某些共性规律，有关学术研究、论文写作、人际关系和个人素质的理念是基本相同的，因而本书对不同专业的研究生也可能有一定的参考意义。

每个人都是独一无二的，每个人读研究生、做研究生导师的经历都是各不相同的，每个人对事情和问题的体会与心得皆有独特性。但独特性也可能带来片面性，我要强调的是，这本书不是系统的关于如何做研究生的指南，而是更像与研究生在会议室或办公室想到哪说到哪的交流笔录。因而就此书所言，不说是挂一漏万，至少是"挂十漏万"。本人不揣浅陋，将个人与研究生交流的不成体系的杂谈编成此书。由于水平、思想和视野的局限性，书中的内容可能会有一些偏见和不当之处，衷心希望能得到研究生和其他读者的批评指正。

梁宋平

2023 年 9 月于长沙岳麓山

目 录

前言　　1

第一讲　艰辛而幸福的修行　　1

> 是什么让你做出考研的决定——会有艰辛曲折，但也有愉悦幸福——《自然》杂志的调研报告——珍惜这次来之不易的机会——记住你的初心，希望在前——闻鸡起舞，迎难而上，每天有所作为——内心启动一个有仪式感的出发

第二讲　擒兔理论与知识的边界　　9

> 研究生与本科生的重要区别——关键词"研究"与"创新"——华罗庚先生的擒兔理论——研究领域的知识要达到人类已知边界——主要从新的高水平文献学习——综合研究能力的培养

第三讲　好奇与敬畏　　15

> 从入门到登堂入室需要的两种心态——好奇心是人类的天性——好奇心是科学发现的原动力——好奇心的衰退——ChatGPT不具备人类特有的好奇心——研究生如何激发好奇心——进入学术殿堂应该有神圣感和敬畏心——敬畏是一种行为准则，更是一种智慧——诚实正直是每一个科学研究者的底线——修行路上，常怀敬畏——求知若饥，虚心若愚

第四讲　心有哲学：《自然辩证法》与《道德经》　　27

> 哲学让人在无序中辨识方向——哲学令人愉悦——辩证唯物主义哲学观最有价值——恩格斯的《自然辩证法》是自然科学研究的圣经——认识世界与改造世界——老子的《道德经》博大精深，闪耀智慧光芒——科学家多为哲学爱好者——研究生心有哲学不可或缺

第五讲　与导师和研究室相互成就　　41

> 了解你的导师和研究室——如果你还有选择导师的机会——导师和研究生的关系本质上是"共同工作"——对导师要在理解的基础上尊重——理想的研究生与导师的关系是相互成就——此生有能称为你的导师的人是生活之幸——当研究生与导师间产生矛盾——大多数导师为良师益友

第六讲　独上高楼，望尽天涯路　　53

> 学术研究的三种境界——"独上高楼，望尽天涯路"不仅是导师的责任，也是研究生学位论文的前提——文献综述的特点与功能——文献综述的写作——研究生自己"独上高楼，望尽天涯路"的意义——一位研究生的故事

第七讲　实验动手能力与"金刚钻"　**63**

> 动手能力与实验技术——不以规矩，不成方圆——实验原始记录本的重要性——没有金刚钻，不揽瓷器活——核心实验技术即"金刚钻"——在北大的回忆——几位打造"金刚钻"的研究生——熟练掌握核心实验技术的重要性

第八讲　在挫折与失败中"淘金"　**75**

> 遇到挫折与失败是科研中的常态——产生有价值数据的时间非常珍贵——错误的实验和失败的实验是有区别的——在失败的实验中"淘金"——两位研究生的经历——每一次失败或错误都是有价值的

第九讲　研究室里的智商与情商　**83**

> 智商与情商——研究室里的研究生智商差别不大——情商更关系到研究生的成功——情商通过学习训练可以提高——一位研究生的故事：对抗逆境——另一位研究生的故事：勇于挑战与坚持

第十讲　业余时间：与事业相看两不厌　**95**

> 人的差异产生于业余时间——人的前行需要两只脚——业余生活促进事业成功——有张有弛方能行稳致远——毛主席的《体育之研究》——体育运动提高工作效率——两位研究生的例子——培养业余兴趣爱好——关注一件对人生和事业都很重要的事——相看两不厌，事业与生活

第十一讲　我思故我在：研究生应为独立思考者　　105

> 生命应留下思考的时间——笛卡尔的"我思故我在"——柏林大学的"寂寞与自由"——独立之人格，自由之思想——每个人都有创新思维的潜能——ChatGPT不能代替人类思考——学点逻辑学会有帮助——思想的火花与创新的灵感没有定式——最好的思考时间——独立思考产生内心的召唤

第十二讲　越过标杆：从学术论文到学位论文　　119

> 尽早知道一些关于学位论文的要求——写作和发表期刊学术论文是重要的学术训练——要么发表，要么消亡——学术论文的写作——发表学术论文的道德规范——专业水平的标杆：学位论文——学位论文的写作——学位论文要"论"才成文——人生的重要里程碑

第十三讲　回报社会与自身发展完善　　135

> 人类的社会性本能——硕士或博士学位得益于社会——应该有一种回报社会的使命感——在回报社会中促进自身发展——杨振宁：天花板级的典范——苔花如米小，也学牡丹开——三位毕业研究生的努力——平凡岗位上的使命感——马克思的名言

结语　　150

参考文献与注释　　155

致谢　　164

第一讲　艰辛而幸福的修行

是什么让你做出考研的决定——会有艰辛曲折，但也有愉悦幸福——《自然》杂志的调研报告——珍惜这次来之不易的机会——记住你的初心，希望在前——闻鸡起舞，迎难而上，每天有所作为——内心启动一个有仪式感的出发

今天，你成了一名研究生。

在新一届研究生入学欢迎会上，你被一种热烈而庄严的氛围所感染，研究所或学院领导、导师代表的讲话，往届研究生的致辞，激起你内心的一阵阵涟漪，带给你跃跃欲试的兴奋，你对未来充满期待。

你开启了一段新的人生旅程，一段可能充满艰辛但也有幸福的重要的人生旅程。

让我们先把时间拨回到研究生入学考试之前。

无论你是本科刚刚毕业，或者毕业后已工作数年，你做出考研的决定之时，面前应当有多条道路，可能面临多种选择。然而，你不仅最终选择了报考研究生，而且你幸运地考上了你所期待的某个大学或研究所的研究生。

虽然当初选择考研时每个人会有不同的动机，可能有的人是受到家人的推动，也可能是周围朋友与同学的启发，或者为回避本科毕业后就业的压力，但相信大多数人是经过一番认真的思考、比较和决策的。可以说，应该是听从了你当时发自内心的某种召唤。

你以往的人生经历所产生的自传性记忆与认知（包括对自然、社会和生活的认知），让你的大脑当时产生一种对未来的预期和当下行为判断的思维活动。对成为一名研究生，你预感到有某种积极意义，甚至是某种幸福感的召唤。你的大脑通过巨大数目神经元的沟通，你的前额叶皮层通过对已有认知的思考以及对未来的预见，产生一个决策：读研，成为一名研究生！

每个人几乎所有的行为，都可以直接或间接地关联到对幸福的向往和追求。正如英国19世纪思想家罗伯特·欧文（Robert Owen）所言："人类一切努力的目的在于获得幸福。"人类的所有行为都源自进化中产生的、有确定生物学基础的内在驱动力，对幸福的向往和追求是亿万年进化过程赋予人类的本能。或许，从某种意义上可以说，是人类对幸福的感受和追求幸福的本能，驱动你走进研究生院的大门。

此话听来似乎有点牵强。

因为关于读研过程，我们更多听到的是压力、艰辛、劳累，那么幸福感从何而来？

会有曾经的研究生告诉你，研究生历程是艰辛曲折的，常常会有挫折和烦恼，也可能会有无助感和孤独感，甚至还可能因压力出现抑郁。网络上也有研究生在抱怨生活平淡、乏味、难熬。

然而，一定会有更多的研究生告诉你，虽然研究生历程有艰辛曲折，但也可以是有趣的、令人兴奋的、愉悦的。你会有很多全新的感受，你会遇到很多让你好奇的事，你会感受到类似智力游戏的挑战，你会遇到一些有智慧和有趣的人，你会看到人生旅途的一些新的风景，你会感受到探索未知世界的快乐，而且最终是有获得感与幸福感的，并且很可能为未来的幸福之路打下基础。

国际知名期刊《自然》（*Nature*）于2022年10月发表的一项关于研究生状况的最新调查显示（该调查对全世界3253名硕士或博士研究生以问卷方式进行），大多数研究生认为，虽然遇到很多压力，甚至出现焦虑和抑郁，但自己走的路，即选择读研是正确的。76%的受访者对自己选择读硕士或博士研究生的决定表示满意，其中表示"非常满意"的受访者占总数的21%，表示"满意"的占55%。半数以上（56%）的受访者表示研究生历程达到了自己的预期，10%的受访者表示超乎预期。调查要求受访者选出对研究生历程最满意的方面，大多数研究生选择了"智力上的挑战"（63%）和"与聪明有趣的人共事"（59%）。[1]

我们还可以深入分析，得出读研究生值得珍惜的理由。

一方面，你比很多同龄人争取到了3～5年更多的受教育、进行科研训练的机会。科学研究作为社会分工的上层建筑，要消耗大量的资金，要有很多实验室相关的基础设施，包括昂贵的仪器设备，而这一切是以社会上很多其他人做出的贡献与付出的劳动为基础的。因此，你有幸成为研究生，从事探索性的科学研究，对你来说是社会在众多同龄人中选择了你，并给予你进行进一步深造的机会，从某种意义上说，使你得到了一次提升自我的机会，这是十分难得的、幸运的。也可以说你能上研究生，是以很多人不能上研究生为代价的；你能从事探索自然的科学研究，或某一领域很多人视为高雅的学术研究，是以很多人做那些可能是枯燥的、重复的、少有乐趣的工作为代价的。

另一方面，导师领你进入的一个研究领域，通常是一个有某种研究价值并经过多年探索的领域。为此，导师和在你之前的研究生付出了多年的努力，开拓出一块可耕耘的土地，这并非易事，不是任何人想加入就能实现的。在很多人为你创造条件的基础上，让你从事一种社会普遍认为"高大上"的探索自然奥秘的活动，这是值得珍惜的一种幸福。对很多人而言，这种机会可望而不可求。

事实上，很多研究生会对其探索的课题产生好奇与兴趣。好奇与兴趣，都关联到人类大脑中边缘系统的以多巴胺神经元为主轴的奖赏系统，都是让人产生愉悦感的。因而很多对自己研究的课题有好奇和兴趣的研究生，其研究过程往往并不枯燥乏味，其中很多研究生还会体验到获得重要结果和发现的快乐。

事实证明，众多最终完成学业、得到学位的研究生，无论经历多大磨难，他们最终感受到所有付出的艰辛都是值得的，感受到了成功获得学位的喜悦，感受到了伴随他们的初心所期待的幸福。作为新加盟的你，也很有可能在最终获得学位之时，体验到"雄关漫道真如铁，而今迈步从头越"的幸福。

很多研究生在毕业多年以后，回忆研究生的岁月时，当年的艰辛和曾经的烦恼往往被淡忘，反而产生一种令人留恋的幸福感。美国著名心理学家亚伯拉罕·马斯洛（Abraham

Maslow）在他的名著《寻找内在的自我：马斯洛谈幸福》中曾说过："能够使自己回过头来认识到自己原来很幸福（尽管当时并没有认识到这一点）的最好方法，就是让自己全身心投入一份有价值的工作或事业中。"[2] 而且事实也证明，你当时越投入、越认真、越艰辛，你今后回忆起来就越有幸福感。

从我自己的经历来看，确有深切的感受。我回忆起40多年前（20世纪80年代初）在北京大学度过的6年研究生岁月，当年经常在北大生物楼彻夜做实验的艰辛，远离一对年幼儿女与亲人的孤独，囊中羞涩的困顿似乎已完全淡忘了，反而深深感觉到那段岁月是我人生经历中非常令人留恋的幸福时光。

因此可以说，研究生的历程虽有艰辛曲折，但也可以是有幸福感的。从某种意义上说，研究生的历程是一种艰辛而幸福的修行。

中国文化中所言的修行，常指一段较长时间的苦行与磨炼，特别是心灵的磨炼，以提升一个人的本领、智慧和内心境界。我在此加入一个"有幸福感的"定语，是与亿万年进化过程造就的人类所有行为的动力相关的。因此，我说研究生的历程是一种艰辛而幸福的修行，也许并不牵强，有着某种道理。

那么，上述说法或理念对你即将开始的研究生生涯有何启迪和帮助呢？

从开学的第一天起，记住你的初心，记住你曾有过的向往，你内心期待的某种未来的幸福在等待着你。

从踏入研究室的第一天起，你不要忧心忡忡、惴惴不安，要以乐观积极的心态、阳光开朗的情绪开始你的学习和研究。

无论道路多么曲折，无论过程多么艰辛，请你不要放弃，希望始终在你面前。

这样，从你研究生入学的第一天开始，你就有了一个积极的、正确的态度。有时候态度是决定一切的。因而在研究生的起跑线上，你将比那些不是源自内心的激动和召唤，而是因别人的推动或者随大流而被动进入研究生大门的同学更快地进入角色，会少一些刚进研究室的忐忑和茫然，更快、更坚实地迈出研究生生涯的第一步。

有了这样一种理念，你会在你将来的研究生生涯中自觉地、心甘情愿地接受任何挑战。你会闻鸡起舞，敦促自己迎难而上，每天有所行动，有所作为。你会记住并实践著名哲学家尼采的名言："每一个不曾起舞的日子，都是对生命的辜负。"即便你的行动和作为将会遇到困难和挫折。

以上所言，是希望研究生从入学开始就有一种积极的态度和信心，在行动上，你也一定要付出艰辛的努力。学术道路上是没有捷径可走的，通往成功的道路上没有免费的午餐，天上不会突然掉下愉悦与幸福的馅饼。你必须做的是连续几年勤奋地、专注地工作。导师的指导，师兄师姐的帮助，能帮你少走弯路，但是路必须你自己走，一步一步前行，没有任何人能代替你。

新入学的研究生们，遵从自己的内心，启动一个有仪式感的出发吧！

第二讲　擒兔理论与知识的边界

　　研究生与本科生的重要区别——关键词"研究"与"创新"——华罗庚先生的擒兔理论——研究领域的知识要达到人类已知边界——主要从新的高水平文献学习——综合研究能力的培养

第二讲 擒兔理论与知识的边界

本科生阶段与研究生阶段有重要的不同。虽然两者都是学习过程，在提升一位年轻人的知识水平与个人素质和能力的目标上有相似或相同之处，但研究生阶段与本科生阶段有着本质性的不同。

这种本质性的不同，首先体现在"研究"这一关键词上。

在本科学习阶段，年轻人主要从教科书和老师课堂讲授与自学中获得知识，这些知识是由前人发现并已被实践证明为真理的、人类已有的而且有重要价值的知识。这是非常重要的。人类能够在前人的基础上逐渐积累知识，是人类能远远超脱其他灵长类动物而成为地球主宰者的关键。我们都是站在前面很多巨人的肩膀上的，我们掌握的前人发现的最新知识越多、越牢固，我们成功地往前走的可能性就会越大，这也是研究生入学要进行学科相关知识考试的原因。

但研究生在学习新知识的同时，更重要的是探索某一个未知的领域，发现或创造新的知识。国务院学位委员会对研究生学位论文的要求的关键字是"新"。例如对理学生物学一级学科硕士学位论文的要求是："硕士学位论文的研究成果应在某一研究领域内有创新或对该领域的科学研究有价值。"对理学生物学一级学科博士学位论文的要求是："博士学位论文的研究成果应体现学科前沿研究方向或能解决社会需求问题，在某一研究方向上有所突破和创新,即具有新的学术思路,探索有价值的新现象、新规律,提出新命题、新方法,创造性地解决本学科的科学问题。在理论或技术、方法上有创新性。"[3]

很多欧洲、美国的著名大学在授予博士学位时,博士学位证书中常有一句由拉丁文写的贺词,其意为"恭喜你对人类的知识有所创新,因此授予你博士学位。"可见国内外对研究生的要求,共同要点在于有知识创新。

著名数学家华罗庚先生早就有过精彩的比喻,他将导师指导研究生的过程比喻为抓兔子的过程。导师负责给研究生指出来兔子在哪里,并且指导学生打兔子的本领;研究生则从导师那里了解到兔子的方位、大小、肥瘦,并采用从导师那里学到的打兔子本领来擒获一只兔子,也就是所谓的完成一份毕业论文。[4]

本科生主要是学习捡"死兔子","死兔子"指已被验证过的人类已有知识。而研究生则要学会抓住一只在视野中奔跑的活兔子,即寻找专业领域内未被研究且有价值的问题。导师指明方向并教给研究生捕捉活兔子的本领,研究生运用导师所教的方法和技术追猎这只活动的兔子,完成对某一专业问题的研究。硕士生需要抓到一只视野中奔跑的活兔子。而这只兔子在哪里?需要导师指出方向,或者需要导师和学生一起来确定其位置。导师在指兔子的同时还应该告诉学生擒获兔子的本领。硕士生需要确定兔子的具体位置,并利用从导师那里学来的方法和技术,或者用自己想到的方法,把兔子擒拿在手。博士生则要抓到一只更有价值的、更难寻找的野兔。此时这只更有价值的兔子也是活的,但它可能在山坡上、树林里奔跑,猎取难度更大，需要用更高级的猎取技术，甚至要用创新的技术才能将兔子擒获在手中。

英文中"研究"一词"research"很有意思，"search"是寻找，而"research"是再寻找，不断地寻找。要寻找兔子在哪儿，即寻找有价值的科学问题以及回答这一科学问题的创新性答案；又要寻找擒获兔子的途径和工具，即寻找解决科学问题的思路和方法。所以每个研究生都要"research"，不断地一遍一遍再寻找，最终找到所研究科学问题的答案，而这个答案是前人未曾找到过的。

对未知世界的探索有点像摸着石子过河，没有清晰的道路，因而将是艰辛的。你要寻找确定有价值的目标，要明确所要解决的科学问题，要掌握新的研究方法和技术，你可能要经历很多次的失败才能达到目的。这些比在本科阶段从教科书和老师的课堂上学习新知识要艰辛无数倍，然而，一旦成功，将比你在本科时通过几门课程的考试有更大的回报，而且可能有某种成就自我的幸福感。

上述研究生与本科生在"研究"这一关键词上的差别，一方面会导致在学习已有知识上，研究生和本科生存在重要的不同。本科生学习已有知识一般要求对所学专业最重要的前人获得的知识有一个较广的掌握，并不要求对某一个专门领域的知识掌握程度达到人类知识的边界。但对研究生而言，除了对本专业的基础知识要有较广的掌握，还要对所研究专门领域的知识掌握程度达到人类已知的边界，即掌握该领域知识的最新前沿。因为只有这样，才有可能实现知识创新的突破。上述差别也导致本科生主要依据各种专业教科书来学习，而研究生则主要通过最新发表的期刊文献来学习。

另一方面还会导致在素质能力的培养上，研究生和本科生存在重要的不同。本科生的学习主要注重学习、理解、记忆和掌握重点、触类旁通的能力。而研究生则要注重实验动手能力、观察分析能力和包括论文写作（包括中英文）在内的学术交流能力等综合科研素质。实验动手能力是理工科类研究生最重要的能力，需要在实践中培养，本书后面将做重点介绍。观察能力是重要的科研素质，要达到一般人观察不到而你能观察得到的程度。分析能力则指一般人想不到而你能想到。论文写作能力则关系到研究结果的总结发表，关系到能否成功获得学位。

研究生教育是"学习者"和"研究者"角色兼顾的教育。对于研究生而言，成为一名好的研究者应该更重要。但研究生要想成为一名好的研究者，也必须成为一名好的学习者。

从本科生到研究生，意味着你不仅是一名学生，也是一名研究者。尽管刚刚出发，你也是一名科学探索和学术研究的行者。路途中将出现各种风景，很可能是你从未见过的微观世界，包括细胞和分子水平的风景。你将接触和学习从未一试身手的武功，即科学家的研究技术和方法。你将可能有遇到挫折的烦恼，也会有成功的喜悦；有山穷水尽之境，也有柳暗花明之期。如果你将来有一天独自在学术江湖上闯荡，那么在这一阶段，你需要修炼的是：武功、视野、素质、志趣和情怀。

第三讲　好奇与敬畏

从入门到登堂入室需要的两种心态——好奇心是人类的天性——好奇心是科学发现的原动力——好奇心的衰退——ChatGPT不具备人类特有的好奇心——研究生如何激发好奇心——进入学术殿堂应该有神圣感和敬畏心——敬畏是一种行为准则，更是一种智慧——诚实正直是每一个科学研究者的底线——修行路上，常怀敬畏——求知若饥，虚心若愚

/ 第三讲 好奇与敬畏

从成为研究生的第一天起,你就进入了一个科学探索与学术研究的领域。

科学与学术的领域,即便是一个很小的分支领域,也可视为一座有神圣感的殿堂,是众多先行者或当代同行(也包括你的导师)针对自然奥秘与科学问题,历经探索和创新的接力逐步建立起来的。那里记录着该领域众多开拓者与探索者的故事,沉淀着该领域的知识和经典的研究方法,当下全世界该领域的同行仍会不断地报道新的进展,展现新知识的光芒。该领域未知的奥秘与有价值的科学问题不断吸引着新加入者,今天你便成为其中之一。

你首次进入这一学术的殿堂,要经历一个从入门者变成登堂入室者的转变。在这一过程中,有两个心态,或者说两个理念是非常重要的,甚至可以说是必须具备的——这就是好奇心与敬畏心。

爱因斯坦说过:"我没有特别的天赋,我只有强烈的好奇心。"

好奇心是人类在长期进化过程中形成的天性和本能,有其生物学基础与进化上的由来。研究者发现,婴儿天生对他从未见过的图案更感兴趣。人们在日常生活中常能发现,小孩子会不知疲倦地从一个地方跑到另一个地方,寻找新的东西,他们表现出强烈的捕捉新事物的渴望。

科学家发现好奇心也存在于不同进化程度的动物中，拥有好奇心的动物适应性更强。最初的好奇心有利于动物发现新的生存空间与新的生存资源，从而在生存斗争中更有竞争力。通过自然选择，这种能力在进化过程中被保留了下来并得到发展。

人类的好奇心随着人类特有的大脑皮层的形成而发展，发生了质的飞跃，从动物的感性好奇心跃变成认知好奇心，进一步变成追求更好认知的冲动，即一种想要了解不知道的事物及其内在规律的欲望，最后发展成探明自然奥秘，追求一步一步逐渐深入的获得科学知识的驱动力。[5]这种驱动力最终使得人类知识得以积累并使人类成为地球的主宰。好奇心被认为是人类行为中最高尚的驱动力。

好奇心在基因和脑神经科学层面的机制还很不清楚，但有研究发现好奇心与大脑的奖赏系统有关联。奖赏系统是一个以多巴胺神经元为主轴的神经回路，能激励动物做出有利于个体生存和物种延续的行为，并使之产生愉悦感。[6, 7]这也是好奇心——这种对新鲜事物的渴望情绪常常带来愉悦感的原因。因此，好奇心是人类在长期进化中获得的自然禀赋，它不是少数人才具有的特质。问题在于我们怎样激发、保持和增强内在的好奇心，怎样找到激发我们好奇心的自然现象和科学问题。

几乎所有科学上的重大发现，都是来自人类的好奇心。最经典的例子有牛顿发现万有引力、爱因斯坦发现相对论以及弗莱明发现青霉素。好奇心是创造性思维的源泉。探索和研究未知事物的心理倾向促使人们不断发现和提出新的问题，并积极探索解决问题的方案，最终获得科学问题的答案或者线索。尽管这是一个研究组的负责人（包括你的导师）最应具备的素质，但对于新加盟的研究生而言，同样是不可或缺的。它关系到你的研究过程是否有高起点，是否产生发自内心的兴趣，是否有发现的惊喜，是否能在艰辛中享受过程，以及最终是否能获得自我期待的成功。

虽然人类的好奇心与生俱来，但好奇心衰退的现象十分常见。心理学研究发现，过分自信与过分不自信都可能使好奇心淡漠。一方面，成年人通过长期的学习，大脑通过长期记忆积累一些知识后，似乎对很多问题都有了自己的解答，由此产生的自信常常会使童年时的好奇心减退。另一方面，过于自卑、妄自菲薄的人，以及经常忧心忡忡的人，好奇心也会淡漠。此外，过于忙碌、被过多具体事务缠身的人，好奇心也会受到影响，因为这些人没有时间和精力关注让人好奇的问题。

特别值得一提的是，当今社会的一个新特点正在削弱普通人的好奇心，这就是信息大爆炸和信息过于容易获得。虽然对于普通人而言，快速查询信息很有意义，但好奇心是依赖于那些没有被解答的问题来维持的。现如今通过谷歌或百度，几乎可以查到所有问题的答案，而且十分容易获得，这让人很容易满足于已有知识，而忽视尚不知道的部分。另外，互联网的知识是不会产生创新性联想的，只有长期记忆于人头脑里的知识和大脑万亿次级别的神经元之间的沟通才会产生联想，并产生好奇心。即便是人工智能领域的最新成果——ChatGPT应用程序本身，也不具备人类特有的好奇心。如果过度依赖人工智能快捷而方便地获取信息，反而可能削弱人的好奇心。

那么，研究生怎样才能对即将开始的研究提升好奇心呢？

心理学研究认为，并非对一个问题完全无知让我们产生好奇，而是对已有信息的缺口让我们产生好奇。具体来说，对某一自然现象或科学问题的好奇不是凭空产生的，人一般不会对一无所知的事情感到好奇。德国哲学家费尔巴哈说过："人们只想知道他们能够理解的东西。"英国著名心理学家兼作家伊恩·莱斯利认为："好奇因理解而产生，又可被未知所激发。"[8]我们对于某一事物了解得越多，对于其未知部分的好奇心就越强烈。

因此，对于研究生而言，进入研究室以后首先要学习和建立该领域合理的知识结构，尽量广地涉猎学科基本知识，尽量深地了解所研究领域的方方面面，包括过去和现在。在导师的引导下，在师兄师姐的帮助下，逐渐对自己的研究领域的已有知识有较深入的了解，并尝试自己提出高水平的关键的"为什么"，了解有哪些科学问题没有解决，有什么科学与实践意义，你本人对哪些问题更有好奇心，从而激发你的兴趣。因此可以说，学习引发好奇，好奇带来兴趣和研究的动力。

最初，推动人类探索自然的动机是人类的好奇心。随着人类社会的发展和人类社会的复杂化，功利心也成为很多人进行科学研究的动机，如为获得科研项目和科研奖励、发表论文、评定职称、获得学位等。这些功利性的动机并非一定是负面的，它对提高科学研究人员的积极性是有作用的，有时确实能够成为科学研究的驱动力之一。但功利心来自外部评价，使研究者追求功利上的获得；而好奇心源于内在欲望，追求的是内心某种情绪上的满足。好奇心而非功利心，往往更能指引优秀科学家实现创新的突破，特别是"从0到1"的重大创新突破。功利心难以驱动真正的创新，尤其是颠覆性、革命性创新，因为这些创新的源头多属于基础研究，而基础研究工作的原始动力是人的好奇心。美籍华裔物理学家、诺贝尔奖获得者丁肇中教授在回忆自己一生最大的追求时说："我毕生的追求，就是满足自己的好奇心，也就是兴趣。"

那么，上述理念对于刚进入科学研究与学术领域的研究生而言，应当如何认识呢？对于刚进入科学研究与学术领域的研究生，为了争取发表论文和获得学位而努力投入科研的动机是合理的。但是好奇心，特别是对研究课题的科学问题的好奇心和追求答案的欲望是更为珍贵的。因为只有这样，你才会对你的研究产生浓厚的兴趣，你的研究生活才不会枯燥乏味，你的研究取得成功的可能性才会更高，你才会体会到发现的快乐和幸福。对于刚进入学术领域的研究生，培养强烈的好奇心，使自己对所探究的自然奥秘有浓厚兴趣，内心产生解决科学问题的强烈愿望，是他们成功的重要因素。好奇心也是出类拔萃的研究生的重要特征，好奇心使研究生形成自己的学术志趣。

对于刚进入学术领域的研究生来说，另一个重要的心态或理念是敬畏心。本讲开头提到，进入科学与学术研究领域，犹如进入一座庄严崇高的殿堂，应该有一种神圣之感，应怀有一种敬畏心。

何为敬畏心？即因为敬重而有所畏惧的心理。敬重使人心怀虔诚，畏惧使人自我警戒。在云南梅里雪山，你可看到朝圣的群众，几乎五体投地般拜倒在巍峨神秘的卡瓦格博峰山脚下，表情虔诚而肃穆，他们还极力劝阻试图攀登卡瓦格博峰的登山者，这就是敬畏，是他们对心目中的神山的崇敬和畏惧。

实际上，古往今来的人们，常常对神秘而未知的事物表现出敬畏。其实，同上述好奇心一样，最初的敬畏感有其生物学基础和进化上的缘由。当大人牵着小孩从河岸边进入水中时，小孩会不自觉地因害怕而畏缩不前或退却。动物研究发现，在预期将出现危险时动物会出现行为抑制，从而避免可能受到的惩罚。相关研究还发现，大脑中的5-羟色胺与其受体系统参与了这种自发的行为抑制。[9]饥饿时，多巴胺会使动物行为的动力增加；而预感到有危险时，5-羟色胺会使其平静下来。人类对危险的畏惧感，随着人类特有的大脑皮层的形成而发展，发生了质的飞跃，从动物感性的对危险的畏惧感，跃变成理性的对神秘而未知事物的敬畏感，演变成更带有认知成分的一种智慧。

从某种意义上说，敬畏心有其睿智的内涵和积极的意义。

中国古人从实践中也总结出了敬畏心对行为与事业的重要性。朱熹在《中庸章句集注》中说："君子之心，常存敬畏。"曾国藩曾说："心存敬畏，方能行有所止。"如果我们常怀敬畏，就不会轻易浮躁，内心便会自然产生一股有庄严与崇高感的正气。有敬畏便会有底线，知进退，能自我约束，自我警戒。敬畏更是一种境界，一种因敬重而生出谦卑的境界。但敬畏并不等于胆小、懦弱、毫不作为。敬畏不仅是对事物抱有严肃、认真、谨慎、如履薄冰的态度，也是一种行为准则，更是一种智慧。对学术领域的研究者来说，心存敬畏是立身之本；对研究生而言，有敬畏心是修行的重要功课，应使之成为根植于内心的修养，无须提醒的自觉。

对科学与学术的敬畏心，要求我们有一丝不苟的严谨态度。实事求是，诚信不欺，不弄虚作假。不为外物所左右，不为名利所干扰，心有底线，踏踏实实干事，干干净净做人，对得起自己的良心。敬畏心也要求我们诚实与正直。诚实正直是每一个科学研究者的底线，其实也是人生任何阶段守护一个人平安幸福并最终成功的品格。德国哲学家康德说过："诚实比一切智谋更好，因为它是智谋的基本条件。"[10]

之所以在这里特别强调诚实正直是一位研究生的行为底线，是因为研究生阶段是存在压力的。存在多次实验失败的压力，存在出不了好结果的压力，存在发表不了论文、不能按时毕业的压力。同时还存在较为轻松顺利就能得到学位的诱惑。人性的弱点在平常状态下可能不会表现出来，但在同时存在压力与诱惑时则很容易表现出来。因此这给研究生带来一种风险，即违背诚实正直的底线，出现投机取巧、抄袭剽窃，甚至弄虚作假的风险。

敬畏心，也体现为独立思考的批判和自我批判精神。具体表现为对学术真理的追求高于一切，一旦发现自己有错误，勇于公开承认和改正自己的错误。人在认知和判断上犯错误是很常见的，研究中出现错误的结果也司空见惯。我们对科学的真理性，对每一个研究结果的真理性要有敬畏感。这也是为什么我们对获得的实验结果，特别是有重要意义的研究结果，要有阳性对照、阴性对照，要有多次重复，有时还要通过不同的实验路线进行证实或证伪。

除了上述对科学与学术研究的敬畏心，一位研究生还应对很多方面常怀敬畏心。要对实验室的危险因素，诸如易燃易爆物质、剧毒化学品、放射性物质、病原微生物等的使用与处置有敬畏心，对相应的安全规则也要有敬畏心。很多重大事故的发生，就是因为对实验室的安全规则没有敬畏心。我们还应对重大仪器设备的使用规则心存敬畏。在现实生活中，经常有自作聪明，随意操作贵重仪器而造成损坏的情况发生，这既造成经济损失，又延误科研进展。我们还应对所在学院、研究室的所有人员，包括同学、老师、实验员，甚至短期访问进修者存有敬畏心。任何人都有优秀的地方，都有胜过你的地方，都有你可能不具备的知识，对他们保持敬重谦虚的态度，是有利于你的学习、研究和生活的。

总之，常怀敬畏心，是一个人面对自然、面对科学研究、面对社会的一种智慧选择。它让人的行为更符合客观规律，且更为安妥可靠，行稳致远。

2005年6月，苹果公司联合创始人史蒂夫·乔布斯在他胰腺癌手术后于斯坦福大学讲演时，最后给学生们提出了两句有很强震撼力的建议："Stay hungry, stay foolish." 有人将其翻译为"求知若饥，虚心若愚。"[11] 从一定意义上说，"stay hungry"可以理解为保持好奇心，"stay foolish"可以理解为保持敬畏心。

综上所述，好奇心与敬畏心是每一个科学研究者应该具备的基本素质，因而也是每一个刚进入科学与学术领域的研究生不可或缺的修行功课。心有好奇，心存敬畏，将使我们的研究生生涯心情愉悦，行稳致远，并最终成功。

第四讲　心有哲学：《自然辩证法》与《道德经》

哲学让人在无序中辨识方向——哲学令人愉悦——辩证唯物主义哲学观最有价值——恩格斯的《自然辩证法》是自然科学研究的圣经——认识世界与改造世界——老子的《道德经》博大精深，闪耀智慧光芒——科学家多为哲学爱好者——研究生心有哲学不可或缺

第四讲 心有哲学：《自然辩证法》与《道德经》

看到这个题目，你可能会问，我们并非哲学专业的研究生，为何谈哲学？

大家知道，欧美国家把不同学科的博士都称为"PhD"（philosophic doctor），即哲学博士，这是由历史沿革造成的。在中世纪的欧洲，哲学在社会上占有一种特殊的地位。而哲学（philosophy）的希腊语原意是热爱智慧，追求知识，本身就有非常神圣和博学的含义。后来随着社会的发展进步，哲学这个词沿袭了广博、神圣的含义，并将学问达到很深程度的人称为哲学博士。但是，这并不是我要在此谈哲学的原因。

真实的原因是任何学科的研究生都需要哲学思维。

《辞海》中给哲学下的定义是：哲学是系统化、理论化的世界观和方法论，是关于自然界、社会和人类思维及其发展的最一般规律的学问。[12]

不同学科、不同研究方向的研究生，都需要掌握本专业最重要的知识，甚至如第二讲所言，达到本研究领域知识的边界，但世界观和方法论则有登高望远的指导性。我们要探索和揭示研究对象相关的科学规律，那哲学这一关于自然界、社会和人类思维及其发展的最一般规律的学问，则是指导我们探索的基础和智慧。

正如美国著名哲学家威尔·杜兰特所言:"科学给予我们知识,但唯有哲学赋予我们智慧。哲学是全部智慧的综合。"[13]因而哲学能使人了解世界,认识自己,开创事业,成就人生。

你今后3～6年的宝贵青春年华将在某一科学领域的学习与研究中度过。实践证明,在我们每日埋头读书与做科学实验的背后,如果你的头脑中有哲学上的认知与思考,你会有更高的视野,更合理的思维方式,这会让你的学术探索更加自信,让你的学术研究更有成效,甚至让你的学位论文更加精彩。

哲学是一种思考世界的方式,也是我们认识世界和了解世界的方式。我们也可以在哲学中思考自己的意义,自己从何而来、为什么存在、人生的意义在哪里。我们也可以在哲学中思考有关周围世界的问题,大到宇宙,小到你将研究的具体蛋白质与细胞,它们背后有何普遍规律。也许这些问题多数人一生也没有真正思考过,但对于研究生,特别是博士研究生,这些哲学上的认知是非常必要的,关系到大方向上你是否出现迷茫与困惑,也关系到你能否完成一份高水平的学位论文,甚至关系到研究生求学过程的心理健康与生活质量。

古希腊哲学家柏拉图曾说:"哲学令人愉悦。"

哲学使我们从内心和周围环境的混乱无序中,以及琐碎日常生活的漩涡中体验到一股思想上的清泉,一种"乱云飞渡仍从容"的自信与宁静。哲学层面的学习和了解会让你有一种智慧,一种能批判性地、理性地看世界的智慧。

古往今来,这个世界上有过很多哲学流派。实践证明,对于与自然科学领域相关的研究生，辩证唯物主义哲学观是最有价值、最具真理性的，因而也是最具指导性的哲学观。虽然我们不必如哲学专业的研究生那样去专门研究辩证唯物主义哲学问题，但学习、了解与认知辩证唯物主义哲学观是非常必要的。古今中外有无数著名哲学家和哲学经典著作，我以为，如果你认真读过一遍恩格斯的《自然辩证法》和老子的《道德经》，那么你将受益终身。

我们了解的辩证唯物主义哲学原理，看起来似乎与具体的某一个学术领域的研究并不相关。但实际上，只要你细心观察了解周围事物，你就会发现，辩证唯物主义哲学思想能在你认知周围的任何事物上发挥作用，因为其原理本来就在研究周围的事物和整个世界的内在关系。因此当我们了解该哲学思想后，你会发现，几乎所有的自然科学相关学科背后都可以找到辩证唯物主义哲学思想的支撑和指导。尽管我们没有必要在学位论文中处处贴上辩证唯物主义哲学的标签，但其思想和理念，既是世界观，也是方法论，可以无形地帮助我们理解科学研究中遇到的各种问题，这也就是哲学的魅力。

作为研究生导行杂谈的一节内容，我不会系统介绍自然辩证法，这是研究生入学后的一门重要公共课程，在此我仅谈几点自己学习上述两本书的体会，虽不成系统，但我认为可能会对大家有所启发。

恩格斯的《自然辩证法》这一伟大著作，我认为是所有自然科学领域研究生的必读之书。说这本书是自然科学研究的圣经也不为过。恩格斯在这部著作中论述了自然科学史和唯物辩证的自然观、自然科学和哲学的关系、自然界的辩证法规律、自然研究中的认识论和方法论等问题。让我们在此举例性地讨论几个恩格斯在《自然辩证法》中提到的重要哲学理念。

关于唯物辩证法，恩格斯在《自然辩证法》中提到："唯物主义自然观只是按照自然界的本来面目质朴地理解自然界，不添加任何外来的东西。"[14] 他还写道："对于现今的自然科学来说，辩证法恰好是最重要的思维形式，因为只有辩证法才为自然界中出现的发展过程，为各种普遍的联系，为一个研究领域向另一个研究领域过渡提供类比，从而提供说明方法。"[15] 恩格斯把唯物辩证法的规律，进行了高屋建瓴的归纳，他在书中说："辩证法的规律是从自然界的历史和人类社会的历史中抽象出来的。它们实质上可归结为下面三个规律：量转化为质和质转化为量的规律，对立的相互渗透的规律，否定之否定的规律。"[16]

在自然科学研究领域中，很多现象、很多问题、很多实验对象的动态变化过程都可以用上述三个规律来预见变化趋势，来分析理解实验结果，防止出现形而上学，只见树木不见森林的问题。

这三个辩证法规律的实例，在生命科学研究中可说俯拾皆是。

例如，有毒动物使其他动物致命的毒素基因，皆是由编码无毒蛋白质的某种原始基因复制后，通过DNA（脱氧核糖核酸）序列突变的积累而逐渐形成的。千万年突变的量的积累（通过自然选择），导致编码无毒蛋白质的基因转变为编码有毒蛋白质的基因这种质变的发生，这是量变转化为质变的典型案例。

生物学研究中的所有问题都可以找到矛盾的对立统一机制。例如某种酶活性的内在激活与抑制，某种蛋白质表达量的上调与下调，某种离子通道的打开与关闭，以及因应对疼痛而进化产生的阿片受体竟然可以转化为愉悦感关键因素（产生愉悦感的内啡肽的靶标），等等。这些都是矛盾的对立统一和转化。

有毒动物与其捕猎对象之间带有"魔高一尺，道高一丈"特征的协同进化，导致毒蛇、蝎、毒蜘蛛等有毒动物产生毒性越来越强的多肽类神经毒素，这即是否定之否定，螺旋式上升的典型案例。

关于外在物质世界，恩格斯说："整个自然界，从最小的东西到最大的东西，从沙粒到太阳，从原生生物到人，都处于永恒的产生和消失中，处于不断的流动中，处于不息的运动和变化中。"[17] 这是我们每一个自然科学领域的研究者都应当具备的世界观。其实恩格斯与古希腊哲学家赫拉克利特的思想也有联系，赫拉克利特曾说："世界是包括一切的整体，它不是由任何神或任何人所创造的，它的过去、现在和将来都是按规律燃烧着，按规律熄灭着的永恒的活火。"他还说过一句名言："人不能两次踏进同一条河流。"[18] 恩格斯曾评价说："这种原始的、素朴的、但实质上正确的世界观是古希腊哲学的世界观，而且是由赫拉克利特最先明白地表达出来的；一切都存在而又不存在，因为一切都在流动，都在不断地变化，不断地产生和消失。"[19]

关于我们从何而来，恩格斯说："从最初的动物中，主要由于进一步的分化而发展出了动物的无数纲、目、科、属、种，最后发展出神经系统获得充分发展的那种形态，即脊椎动物的形态，而在这些脊椎动物中，最后又发展出这样一种脊椎动物，在它身上自然界获得了自我意识，这就是人。"[20]

关于我们的最终归属，恩格斯说："一切产生出来的东西，都注定要灭亡。""物质在其一切变化中仍永远是物质，它的任何一个属性任何时候都不会丧失，因此，物质虽然必将以铁的必然性在地球上再次毁灭物质的最高的精华——思维着的精神，但在另外的地方和另一个时候一定会以同样的铁的必然性把它重新产生出来。"[21]一切产生出来的东西，都注定要灭亡，这包括我们每一个个体，也包括所有人类和地球上的所有生命，甚至包括整个太阳系。虽然这一情况离我们还十分遥远，但这些观点能让我们更深地理解我们周围的物质世界，并告诉我们，物质世界处于永不停歇的发展变化中，什么都有可能。宇宙间除了本来就存在的、永远处于不息的运动和变化中的物质世界，每一个瞬间的现象都是暂时的。

对于与研究生相关的自然科学研究方法，我想提两点恩格斯的重要哲学思想。

第一点是我们在科学研究中经常遇到的研究结果必然性与偶然性的问题。比如，一个意料之外的实验现象是偶然的吗？其背后有没有必然性呢？值不值得追根究底呢？按照恩格斯在《自然辩证法》中阐述的观点，偶然性和必然性并非完全对立的，两者之间有统一性的一面。必然性的东西可以以偶然的形式出现，而偶然性的东西背后可能有其必然性。

举例来说，弗莱明发现青霉素是偶然的。1928年9月的一个早晨，他在一个被污染的培养皿里发现长了一团青绿色的霉毛，他正准备丢弃，但好奇心让他想看一眼这些霉毛在显微镜下的形象。结果他意外地发现，显微镜中霉毛周围培养的葡萄球菌都死了。这是意料之外的，于是他立即大量培养这种青绿色的霉菌，再将培养液过滤后滴到葡萄球菌中，结果他惊喜地发现仅几小时内，葡萄球菌就全部死亡。

这就是他发现青霉素的过程，这的确是偶然的。假如那天培养皿没有被污染，假如那天弗莱明按常规处理将污染的培养皿丢弃，那后来的故事就可能是另一种结果。但前面讲的这一过程背后有其必然性。那就是青霉菌必然会分泌青霉素，而青霉素必然能杀死葡萄球菌。这是当时人们所不知道的科学规律，它们只是在等待一个好奇心强的研究微生物的科学家发现这一规律，而弗莱明正好是这样一位好奇心强的研究微生物的科学家，因而其中有另一层必然性。

因此在科学研究中，有些偶然出现的意料之外的现象（但不是所有偶然出现的现象），是值得分析，值得关注的。

恩格斯在《自然辩证法》中写道："必然被说成是科学上唯一值得注意的东西，而偶然被说成是对科学无足轻重的东西。这就是说：凡是人们可以纳入规律、因而是人们认识的东西，都是值得注意的；凡是人们不能纳入规律、因而是人们不能认识的东西，都是无足轻重的，都是可以不予理睬的。这样一来，一切科学便停滞不前了，因为科学就是要研究我们不认识的东西。"[22]因此，偶然出现的人们尚不能认识的东西，有可能其背后有值得关注的必然性，即未被发现的科学规律。

第二点是在科学研究中经常出现的因果性。对此，恩格斯也提出了很值得关注的哲学思想。

恩格斯在《自然辩证法》中有这样一段阐述："因果性。我们在观察运动着的物质时，首先引起我们注意的是单个物体的单个运动间的相互联系，它们的相互制约。但是，我们不仅发现某一个运动后面跟随着另一个运动，而且我们也发现，只要我们造成某个运动在自然界中发生时所必需的那些条件，我们就能引起这个运动，甚至我们还能引起自然界中根本不发生的运动（工业），至少不是以这种方式发生的运动，并且我们能赋予这些运动以预先规定的方向和范围。因此，由于人的活动，因果观念即一个运动是另一个运动的原因这样一种观念得到确证。"[23]

世界上很多物质的运动是相互联系的，是存在因果关系的。很多自然科学研究就是研究这种相互联系，即研究实验探索中发现的各种现象的因果关系。因果关系也可看成某种科学规律。恩格斯在上述这段话中特别重点地提到，人类在认识自然界物质运动的规律后，可以根据发现的条件，人工制造这种运动，甚至可以制造自然界中根本不发生的运动，如工业。这不仅使物质运动之间存在相互联系，即有因果关系得以确证，而且指明人类既能认识世界还能改造世界。

恩格斯在接下来讨论因果性的一段话，则更具有辉煌的意义：

"自然科学和哲学一样，直到今天还全然忽视人的活动对人的思维的影响；它们在一方面只知道自然界，在另一方面又只知道思想。但是，人的思维最本质的和最切近的基础，正是人所引起的自然界的变化，而不仅仅是自然界本身；人在怎样的程度上学会改变自然界，人的智力就在怎样的程度上发展起来。因此，自然主义的历史观，如德雷帕和其他一些自然科学家或多或少持有的这种历史观是片面的，它认为只是自然界作用于人，只是自然条件到处决定人的历史发展，它忘记了人也反作用于自然界，改变自然界，为自己创造新的生存条件。"[24]

马克思曾在《关于费尔巴哈的提纲》中提到这样一种观点："哲学家们只是用不同的方式解释世界，而问题在于改变世界。"恩格斯的上述这段话，可以视为是在自然科学研究中对马克思这一观点的具体诠释。

在自然科学研究中，很多是为探索自然界某一领域的客观规律的。例如在生物学领域中探测一种蛋白质的化学结构和三维结构，一种神经毒素作用于某种离子通道的机制，一种信号通路相关蛋白质的因果关系，某种基因表达调控因子的发现与验证，外来抗原诱发抗体的免疫学机制，物种间杂交规律与技术，等等。但在探明这些自然规律、获得这些科学知识之后，更重要的是进行"改变世界"的进一步研究，即恩格斯所说的"反作用于自然界，改变自然界，为自己创造新的生存条件"。

这种研究不仅可以确证已发现的规律的正确性，更重要的是可以造福人类。这样的实例可以说成千上万，例如：

包括青霉素在内的各种抗生素，如头孢菌素、红霉素、卡那霉素的研制与应用；

治疗肺癌的靶向药物阿法替尼与奥希替尼的研制；

治疗大B细胞淋巴瘤的利妥昔单克隆抗体的研制；

基于干细胞技术的人工器官的研制；

基于生物毒素研究的降血压药卡托普利的研制；

袁隆平院士的杂交水稻技术的发明与大面积种植；

刘筠院士利用多倍体杂交技术培育成功的三倍体湘云鲫与其推广；

预防新冠病毒感染的各种抗体药物与疫苗的研制和应用；

……

恩格斯在《自然辩证法》中，从讨论事物的相互联系和因果性，引申到人类认识世界与改造世界的观点，对于研究生的科学探索和今后科学志趣的形成都有重要意义。

我除了极力推荐研究生认真读一遍恩格斯的《自然辩证法》一书外，还强烈建议研究生们认真读一遍古代中国哲学家老子的《道德经》。

老子的《道德经》是中国古代最伟大的哲学著作之一，其核心内容是朴素的辩证法，其思想博大精深，处处闪耀人类智慧的光芒，是值得后人研究推敲的经典。《道德经》是春秋时期老子的哲学作品，被誉为"万经之王"，是中国历史上最伟大的名著之一，对中国哲学、科学、政治、宗教等都产生了深刻影响。据联合国教科文组织统计，《道德经》是除了《圣经》以外被译成外国文字发布量最多的文化名著。

在此我们扼要地讨论一下《道德经》中一些对我们今天的科学研究有一定启发性的思想。

第四讲　心有哲学：《自然辩证法》与《道德经》

老子在《道德经》第 2 章中写道："故有无相生、难易相成、长短相形、高下相倾、音声相和、前后相随。"[25] 这句话可以理解为 2000 多年前对对立统一规律即矛盾的普遍性的非常形象的描写。在《道德经》的第 22 章，还有这样一段话："曲则全，枉则直，洼则盈，敝则新，少则得，多则惑。"[26] 他还在第 58 章中说："祸兮，福之所倚；福兮，祸之所伏。"[27] 这是关于对立统一、矛盾双方相互转化的十分精彩的阐述。2000 多年前的中国人就有这等辩证法的智慧，真是令人惊异，拍案叫绝。

老子在《道德经》中还有很多有关个人修身立命、与人相处的哲学智慧。如第 8 章中广为后人传颂的一句话："上善若水。水善利万物而不争。夫唯不争，故无尤。"[28] 这句话告诫我们，最高的善应该像水一样，只做有利于他人的事，而不与人争利，这样反而不会有忧愁烦恼。在做研究生期间，好的人际关系是成功的润滑剂。如能乐于吃亏，乐于助人，不唯利是图，不与人相争，反而能得到更多人的理解和帮助，有利于学业成功。

老子在《道德经》中还提出一个重要的哲学思想，即做事情、做学问要有赤子之心。他在第 10 章中说："专气致柔，能婴儿乎。"又在第 55 章中说："含德之厚，比于赤子。"[29] 老子将刚出生的婴儿比为赤子，认为赤子结聚自然之精气，与生俱来含有很厚的体现"道"（自然规律）的道德。做人应该有赤子之心。我们做人做事应当如纯真孩童，处事自然，发自内心，一腔热情，不染乖巧虚伪，无有冷漠自私、逐利追名。同样，做学问研究也应当有纯洁的童心，不要为成人社会的功利主义所污染，不为社会上一些所谓的潜规则所左右，为人坦荡，诚实正直。这也是研究生最重要的品德，是学术界的行者最终能登堂入室取得成功的关键。

老子的辩证哲学，既是世界观，也是方法论。他在第63章中说："图难于其易，为大于其细。天下难事，必作于易；天下大事，必作于细。"告诫我们，欲想突破困难必须从容易处下手，为了成就大事必须做好细微之处。他还在第64章中更为形象地写道："合抱之木，生于毫末；九层之台，起于累土；千里之行，始于足下。"[30]这些思想，对于即将开展学术探索的研究生而言，具有很高的指导意义。

综上所述，哲学思维对研究生即将开始的学术研究定有帮助。

牛顿、爱因斯坦等都是哲学家；乔布斯、比尔·盖茨等都是哲学爱好者。虽然研究生才刚进入学术研究之门，只能算是这些科学名家远远的仰望者，但依然可以进行哲学的启蒙并获得学习的起步，培养和树立辩证唯物主义的哲学头脑。这不仅对我们的科学研究有登高望远的指导性，而且对我们生活质量的提高也是有意义的。因为正如我前面所说，哲学使我们从内心和周围环境的混乱无序中，以及琐碎日常生活的漩涡中体验到一股思想上的清泉，一种"乱云飞渡仍从容"的自信与宁静。

在这一讲，我们谈了哲学的意义，谈了许多关于《自然辩证法》和《道德经》的内容。但我要强调的是，我的建议是各位研究生认真读一遍这两本书。读一遍即足矣，读懂即足矣，不必逐句做深入研究，不要去钻细节的牛角尖，因为我们不是哲学专业的研究生。深入研究，钻研细节，那是另一个很深很广且无止境的世界。

第五讲　与导师和研究室相互成就

　　了解你的导师和研究室——如果你还有选择导师的机会——导师和研究生的关系本质上是"共同工作"——对导师要在理解的基础上尊重——理想的研究生与导师的关系是相互成就——此生有能称为你的导师的人是生活之幸——当研究生与导师间产生矛盾——大多数导师为良师益友

第五讲　与导师和研究室相互成就

研究生生涯中最重要的人际关系之一应该是与导师的关系。

在研究生学习的起步阶段，你必须做的一件事是了解你的导师和研究室。这是你尽快融入导师的团队并开始研究工作的基础。

很多研究生在报考的阶段就选择了导师，但也有研究生在入学后还有选择导师的机会。如果你还有一次选择研究室与选择导师的机会，那你是幸运的。目前国内一些一流大学的某些学院与科学院的一些研究所，都在实行国外常见的研究生轮转制度。

所谓研究生轮转制度，即研究生在入学时只需先确定研究领域而无须确定导师。新生可通过浏览学院网页了解导师信息，选择3～4个导师。入学后，在每个导师的研究室中逐一轮转，每个研究室"体验"一个月，即加入该研究室工作一个月，最终在学期末通过双向选择确定导师。这种制度有多个优点：第一，学生有了选择权，会更主动地了解导师，熟悉研究室，这对他们迅速成为合格的研究人员很有帮助。第二，在入学之初多到几个研究室熟悉环境，体验生活，可以让研究生了解不同研究室共性的东西和各自的特色，进而找到感兴趣的课题。第三，双向选择性的轮转给师生双方都带来了压力，要求大家在最开始就把自己的优势和强项展现给对方，对双方都可以起到促进作用。当你最后选择导师和研究室时，轮转期间产生于你内心的体会，特别是喜欢和兴趣是最重要的。同时，以下因素也是很重要的：导师领导的研究室是否有或即将有重要成果（如在优秀杂志上发表的论文）、是否有重要课题、研究经费是否充足、研究室的成员是否快乐、关系是否融洽、导师学术上和人际关系上是否有好的口碑等。

更多的研究生是在报考时即已选定了导师和研究室。一般在报名选择时都做了一定功课，通过不同渠道了解了导师和研究室的信息，包括上述提到的多方面信息。

无论是哪种情况，当你正式成为该研究室的一员时，你仍然需要更进一步地了解导师和研究室的情况，特别是在科学研究上。你要通过认真阅读研究室近期发表的多篇研究论文，了解导师的研究兴趣与目标，要解决的科学问题，有哪些研究手段和实验方法，采用什么实验材料，下一步深入研究的计划等。同时，你要了解你的师兄师姐正在做的研究工作。这些可通过与导师和研究室其他老师以及师兄师姐的交流获得，认真参加导师主持的研究室组会也是了解研究室工作现状的很好机会。

在有些较大的研究室，一个研究生（特别是博士研究生）有多个导师的情况也是常见的。通常一个研究方向的负责人或研究室的负责人在作为你的导师的同时，还会有一位较年轻的导师具体指导你的研究。另外，如果你的研究内容有跨不同领域的情况，那么可能会有在不同领域专长的导师指导你的工作。

在将来你的学位论文封面的导师栏中都应列入他们的名字。对所有作为你导师的老师你都要了解，都要同样尊敬。

我国著名蛋白质科学家邹承鲁院士曾说过，导师和研究生的关系本质上是"共同工作"，即为一项科研任务的完成共同努力。[31] 我的理解是，没有科研任务和目标，导师不会招收研究生；导师招收研究生是为了共同努力达到一项科学研究的目标，同时也通过这一过程为国家培养科研人才。导师与研究生的关系不是私人作坊里老板和雇工的关系。导师将尽力指导研究生进行科学研究，同时也会关心研究生的生活和各方面的成长，导师应该是研究生的良师益友。

连接导师与研究生的最重要的纽带是科学研究。从我当研究生到我作为导师指导研究生的经历来看，研究生进行课题研究通常有多种模式。

比较普遍的模式是学生做老师申请的项目。对于生命科学以及生物医学领域的研究室而言，通常是国家自然科学基金项目以及各类重大攻关项目。导师在项目的申请书上是付出很大心血的，其中对研究目标、研究的理论和应用价值、主要的科学问题、研究方法与技术路线、现有研究基础、研究的可行性、研究的预期成果等都有较详细的阐述。研究生在开始进入课题前可以向导师提出阅读项目申请书的请求，导师通常都会很乐意的，有的导师还会主动让你阅读。这对于开展你的学位论文研究是很有意义的。一般这样的课题有明确的研究内容和目标，导师能够具体指点，通常还有其他研究生同学一起攻关，他们也在做与你本人的课题有相关性的研究，因而遇到问题时经常可以与他们交流。

还有一种模式是导师表达对某个方向领域的兴趣，让研究生去自由开拓，寻找目标，自己探索。当然导师对某个方面的兴趣不是凭空产生的，很可能是当时的热点前沿，也有可能是导师在阅读文献时产生的兴趣，并具备一定的研究条件。我本人1980年开始读硕士研究生时，导师给我指明的一个领域是做同工酶方面的工作，但并未指明具体做什么。当时这一领域较热，而且研究手段主要是凝胶电泳和层析以及酶活性的测定，这在改革开放初期的北大生物学系是较为成熟的技术。后来我本人经过探索和学习，自己寻找目标，决定开展乳酸脱氢酶同工酶亲和层析的研究，建立了一种新的乳酸脱氢酶快速纯化的方法。我认为这种模式对研究生独立开展科学研究的能力和素质是一种很好的训练和促进。

另外还有一种模式是研究生在学习时，自己对某一个科学问题产生兴趣，主动提出自己的研究课题。这种情况一般是在导师和研究室的研究领域范围之内，研究生通过一段时间对这一领域的了解和学习，特别是文献研究，发现某一个课题有重要意义，而这一课题是导师之前并没有考虑过的。通过与导师商量，说服导师同意开展这一课题的研究。然后通过研究生的自主探索，确定研究内容和目标，并在导师的支持下开展研究。一般这样的研究生都有较高的独立思维能力和创新的志趣，而且往往都能取得较为突出的研究成果。本书第六讲"独上高楼，望尽天涯路"就专门介绍了这样的研究生事例。

研究生对自己的导师要在理解的基础上尊重。每一位导师，无论是教授还是副教授，肩上都有各种压力。无论在大学还是科研院所，竞争都非常激烈。为了获得科研项目和研究经费，为了出更多高质量的论文或专利，为了通过单位或科研管理部门的各种评估，很多导师要比研究生更艰辛、更忙碌、更紧张。其实，无论是在中国、美国、日本，还是在欧洲各国，研究生导师的生态环境都是大致相同的。他们都面临各种压力，国外的导师可能压力更大，因为他要负责解决研究室所有研究生和博士后的工资。每一年都要花相当多的时间在写项目申请上。导师也需要成功，也需要在敏锐力、自信力、洞察力、社交与学术交流的能力上提高自己，他们也特别期待能找到优秀的研究生，获得高水平的研究结果，发表优秀的论文。

好的研究生应当想导师之所想，急导师之所急。在很多情况下，研究生和导师是在同一个战壕里战斗的战友。好的导师在指导你研究的同时，也会为你着想，关心你的生活。能与导师相处非常融洽，能够与他无拘束地讨论实验中的问题，甚至私人问题，对你是非常有帮助的。

你应当这样想：导师一般都要比你年长，在学术知识、人生经历上都要比你强，因此，多数情况下，无论学术研究还是其他事情，导师错的时候不多。在行动上，你要相信：大多数时候，只要按照导师的要求去做，一般不会有错。当与导师意见有分歧时，如果你觉得你是对的，那么就想办法去说服导师。如果你能说服导师，他不仅会很高兴，还会对你产生更积极的看法。

研究生与导师相处时，主动比被动要好，要主动争取导师的指导，不要敬而远之。有些研究室的导师通常很忙碌，特别是研究生较多时，除了几个重要的时间点，导师会主动找研究生以外，并不会过多过问研究生的工作。有的导师这样做，也可能是有意培养研究生独立研究的能力，所以导师一般采用宽松管理的方式。在这种情况下，研究生主动找导师可以得到导师更多的帮助和指导。你可以自觉地将阶段性成果向导师汇报，听听导师的建议，导师也许会从研究方法和细化问题的角度帮助你反思，更多的时候导师会为你提供其他的数据来源和人力物力的支持。记住，任何时候在研究中遇到问题，你都可以直接进入导师办公室，寻求帮助。不要有顾虑，不要犹豫敲导师办公室的门，不要担心给导师发短信会打搅导师，很多导师是高兴与学生交流的，这既是他的本分也是他的愿望。当然出于礼貌，你可以通过打电话或发微信的方式与导师预约。总的来说，研究生越是主动向导师汇报和请教，越能得到导师的指导，同时也越能给导师留下好的印象。

最理想的研究生与导师的关系是相互成就。

导师指导研究生完成高水平的学位论文，顺利获得学位，并奠定其以后发展的基础。研究生通过自己做出的研究成果，也将提升导师在这个研究领域的知识和水平，帮助导师进一步获得科研项目和经费，成就导师在为获得职称晋升、名誉、奖项上的期望与努力。请不要认为这个相互成就的观点是功利主义的，我以为它是实事求是的。其实这是人类社会中普遍存在的互利共赢，在促进每个人自由发展的同时也推动社会前进的理想人际关系。

在本科学习阶段，老师对学生授课，有一句话叫"教学相长"，即通过授课，老师与学生可相互促进。而在研究生阶段，这种"教学相长"将会更进一步，达到"相互成就"的境界。对研究生而言，特别是博士研究生，在你所从事的课题领域，你必须使自己成为一个真正的专家。你要争取成为你导师的老师，发现和创造新的知识，通过你的研究和发现，教会你的导师一些新的东西。这个过程是必须有的。你能教给导师更多更有意义的新的东西，你的学位论文水平就会更高，更能促进导师的研究，更能帮助你的导师，也为你未来的学术生涯开拓更光明的道路，真正实现与导师相互成就。

研究生与所在研究室集体的理想关系也是相互成就。导师所在的研究室给研究生提供科学研究的平台，包括实验台面、常用仪器设备、核心科研设备、科研软件、多年沉淀的往届毕业生论文、研究室发表的论文和专著，特别是一批思想活跃、各有特长、与你在同一领域进行研究且愿意帮助你的师兄师姐和年轻老师，这些对成就你的学位论文都是十分重要的。反过来，你在研究室做出的成果、发表的论文、做出的贡献也将为研究室的发展创造条件，你的努力将成就研究室的发展进步。创建一个研究室是不容易的，也是期望在激烈的竞争中得到发展的。

我回顾我们研究室过去的发展过程，从4～5人的科研小组，成为省级重点实验室，而后成为教育部重点实验室，继而发展为国家地方联合工程实验室，其中历届研究生的贡献起了决定性的作用。我们能作为首席单位承担国家973计划项目——动物多肽毒素的基础与应用基础研究，如果没有此前众多研究生的工作基础和相关高水平论文与专利是几乎不可能的。

当然，导师与研究室反过来也会成就那些努力工作并做出出色成绩的研究生。我们研究室的很多研究生顺利获得学位并于毕业后在国内外找到了理想的工作岗位，为今后的人生发展奠定了基础。

各位研究生也不必羡慕别的研究生有名声显赫、有各种耀眼头衔的导师。实际上，从本质上看，每个人都是唯一的，每个人都有别人不具备的特点。只要你稍加留意，你肯定能发现你的导师身上会有某些别人所不具备的优点或才能。能成为硕士生或博士生导师，必定有某些成就与杰出之处是值得你敬重和学习的。即便你发现导师偶有犯错或不尽如人意之处（任何人都必定会有），除非是有明显品行不端者，你也完全可以宽容待之，就像你宽容对待你的朋友和亲人一样，何况师生之交是人世间非常宝贵、非常难得的缘分。与你的导师和研究室的所有人有和谐的关系，不仅是顺利完成学业的前提，也是你的研究生生涯有好的生活质量的保证。

也许过了好多年，你已成家立业，有了自己的事业，甚至于你也成为科学工作者，作为导师指导研究生。当你回顾你的研究生生涯，想起当年与你的导师相处的件件往事，他们的谆谆教导和殷切关怀也许会让你十分怀念。

我有幸在硕士和博士阶段遇到两位好的导师。他们不仅在学术上是知名的学者，对研究生倾心指导、严格要求，而且人格高尚、温文儒雅、平易近人，从来没有过对学生的疾言厉色，对学生平等相待、关怀备至。在科研上，他们鼓励学生独立思考，支持学生的合理想法。

我的硕士导师李建武教授，是北大生物化学课的主讲教师。当年他是做放射生物化学的，但由于"文化大革命"的冲击，他在北大技物楼的实验室已关闭。他建议我考虑做当时较新的同工酶方面的工作，且把他的约6000元的科研经费本（当时是一笔不小的经费）交给我，让我按需使用。后来在他的同意和支持下，我自己选择了研究课题，建立了一种乳酸脱氢酶的亲和层析纯化方法，获得硕士学位，也为博士阶段的工作打下了基础。李先生对我的生活十分关心，有一次他到长沙出差，还专程到我家看望我的亲人。

我的博士导师张龙翔教授当时是全国著名学者，中国生物化学学会理事长。他在学术上对我的要求十分严格，认真审查每一次得到的实验结果，我至今仍保留着他用红笔密密麻麻修改过的我的论文稿。但张先生十分和蔼可亲、平易近人，还很关心我的生活。有一年夏天，我太太带着一双年幼的儿女来北大，住在研究生宿舍。有一天我听到敲门声，开门见到的竟是当时任北大校长的张先生和师母刘友锵先生。他们专程来看望我们，并请我们全家到他们燕南园的家中吃饭。我的女儿当时只有6岁，至今她仍记得燕南园那古色古香的住宅和和蔼可亲的张爷爷与刘奶奶。张先生去世后我曾写过一篇题为《心中的铭记》的长文，追忆他对我的关怀和教诲。

能读研究生是幸运的，此生有一位或几位能成为你的导师的人是十分偶然、十分珍贵的生活之幸、人生历程之幸。

在结束本讲之前，我以为有必要提及研究生与导师的关系在现实中是复杂的、千差万别的。前面曾提到的发表于《自然》杂志上的有关研究生状况的调查结果显示，大多数（72%）研究生满意自己与导师的关系，但也有约1/5（22%）的受访者表示希望能更换导师。[1] 在我担任学院院长和分管学校研究生工作中，也遇到过一些研究生与导师关系紧张的情况，少数达到不可调和的程度。当然，研究生与导师的关系在很大程度上取决于导师，毕竟在导师与研究生之间，研究生是弱势的一方。

导师的人品、作风与胸怀，有时比导师的知识水平更让研究生看重与受益。但在很多情况下，发生矛盾的双方都有一定责任，这种情况经过调解和双方的努力最终是可以化解的。但在有的情况下，通过管理方的参与，让研究生更换到愿意接受该研究生的导师名下，通常能达到各方都满意的结果。当然，正如《自然》杂志的调研文章里提到的，出现导师人品不正，侮辱欺凌研究生，侵害研究生利益的情况也是有的。在这种情况下，研究生有权投诉与抗争，同时上级管理者应该进行客观调查，对有问题的导师给予警示和处理。

值得庆幸的是，大多数研究生遇到的导师都被认为是良师益友型的，大多数研究生也是很尊重和服从导师的指导的，因而大多数研究生与导师通过双方的努力，最终可以实现相互成就。

# 第六讲　独上高楼，望尽天涯路

学术研究的三种境界——"独上高楼，望尽天涯路"不仅是导师的责任，也是研究生学位论文的前提——文献综述的特点与功能——文献综述的写作——研究生自己"独上高楼，望尽天涯路"的意义——一位研究生的故事

第六讲 独上高楼，望尽天涯路

国学大师王国维论述学术研究的三种境界时有一段名言，即"古今之成大事业、大学问者，必经过三种之境界：'昨夜西风凋碧树，独上高楼，望尽天涯路。'此第一境也。'衣带渐宽终不悔，为伊消得人憔悴。'此第二境也。'众里寻他千百度，蓦然回首，那人却在灯火阑珊处。'此第三境也。"[32]后来的学者，无论是人文科学还是自然科学的研究者对这段话都广为引用，认为其很形象地概括了学术研究者的心理过程，同时也是学术研究的关键环节。

王国维所言第一境界"昨夜西风凋碧树，独上高楼，望尽天涯路。"源自宋朝词人晏殊，意思是昨天夜里秋风劲吹，凋零了绿树，作者独自登上高楼，望尽那消失在天涯的道路。

此种境界是说做学问、成就事业者，首先要有开阔的视野，尤其对自己的研究领域要能登高望远，看清目标，明确方向，了解事物的概貌，了解自己感兴趣的领域最有意义、有研究价值且有道路可以达到的目标。

王国维所言第二境界"衣带渐宽终不悔，为伊消得人憔悴。"出自柳永《蝶恋花》的最后两句词。意思为人消瘦了，衣带越来越宽松，但作者始终不曾懊悔，为了思念其心上人，作者宁可自己容颜憔悴。这句话描绘了热恋中情人的相思之苦、情有独钟与专一执着。王国维以此两句来比喻研究学问、科学探索要获得的成功，不是轻而易举、举手可得的，必要有执着的精神，必定要坚忍，经过痛苦地辛劳，孜孜以求，直至人瘦带宽也不后悔的程度。

王国维所言第三境界"众里寻他千百度，蓦然回首，那人却在灯火阑珊处。"出自辛弃疾的《青玉案》。原意是在喧闹的人群中寻找千百遍，也不见其情人的倩影，忽然回头一看，他却悠闲地站在灯火稀落的地方。王国维所说的这一境界，表示已经经历了前面的两种境界，有专注的精神，反复追寻、研究，下足了功夫。有如此经历，将会融会贯通，某一天豁然开朗、有所发现，此时再回首来时之路，有寻找思念的情人最终获得之感。

我不想在此全面讨论上述做学问的三重境界，我想重点谈谈第一个境界"昨夜西风凋碧树，独上高楼，望尽天涯路。"对于新入学研究生的意义和具体的体验方式。因为，我以为第一个境界关乎研究方向的确立，研究目标和研究方法的选定。似乎只有研究目标和研究方法正确选定以后，"衣带渐宽"的努力和全身心的投入才是值得的，才有可能体验到"蓦然回首，那人却在灯火阑珊处"的发现的愉悦。

"独上高楼，望尽天涯路"的这个境界，要求你了解即将要做的科研领域里国内外同行们已经做了什么、正在做什么、是怎么做的、尚有什么问题未解决、还存在何种挑战。可能有研究生会提出，确定研究目标是导师或研究室PI（课题负责人）

的任务，我们研究生只需要按导师确定的目标和指定的方法去努力做实验、出结果就行了。那我要告诉你，这不是一个积极的想法，不是一个带有进取心的、想要获得更高回报的态度，且可能会失去一个研究生在学术研究中对一个最重要环节的训练和能力培养的机会。很多实例证明，研究生如果能亲自参与研究目标的确定，那么将更有利于他形成自己的科学研究志趣，更有可能促进导师和研究室的科学研究，更有可能使本人获得有意义的研究成果，也更能亲身体验到豁然开朗，"蓦然回首，那人却在灯火阑珊处"的幸福感。好的研究生不是一天到晚埋头做实验，应当经常"独上高楼，望尽天涯路"。

实际上，"独上高楼，望尽天涯路"是你学位论文的前提。学位论文，特别是博士学位论文，通常在第一章阐明本论文研究的背景，该领域国内外同行已获得哪些发现，知识的边界在何处，尚有哪些问题没有解决，尚有哪些知识有待突破，然后在此基础上提出本论文的研究目标和预期的意义。实际上这一部分就是在文献调研基础上产生的文献综述。同样，很多硕士研究生学位论文的绪论或第一章介绍的研究背景、文献溯源和研究内容与目标的提出也是一篇小的综述。

看来，写综述的实践，无论是博士研究生还是硕士研究生都是要经历的。写作科研课题领域综述的过程，也就是"独上高楼，望尽天涯路"的过程。

很多研究生导师要求研究生在开展具体课题研究前要写一篇文献综述（review）。早年有的研究院所还要求博士研究生的综述要正式发表。

科研文献综述是对某一科研领域一段时间内国内外重要科研论文和有关信息进行归纳、综合和提炼而成的信息情报文章，具有叙述性、综合性、浓缩性、提炼性的特点，同时具有研究和服务的双重功能。文献综述使分散的文献集中化、条理化，为科研方向的决策和科研课题的选择提供依据。公开发表的文献综述还对该领域的同行有交流和指导的作用。一篇好的文献综述是文献研究的结果，本身也是一篇好的研究论文，常常被很多该领域的同行引用。研究生将文献调研获得的大量信息写成一篇条理清晰、层次分明、重点突出、符合科学逻辑的文献综述，是一种重要的科研能力，尤其是对博士研究生而言。

写文献综述的第一步是获得本研究领域较新或最新的文献信息。早年主要利用图书馆里的检索工具书，如生物学文摘（BA，*Biological Abstract*），化学文摘（CA，*Chemical Abstract*）以及近期期刊目录（current contents），通过关键词或作者名查找相关文献的摘要。然后通过相关期刊获得全文，或者直接与作者联系索要全文单行本。现在由于有互联网，查找文献的工作变得更快捷高效。例如生物医学领域的文献可以通过美国国家卫生研究院（NIH）所属的国家医学图书馆（NLM）建立的生物技术信息中心（National Center for Biotechnology Information）网址 www.ncbi.nlm.nih.gov 查阅各个研究领域的最新文献摘要，而且可以快速查阅到大多数论文的全文。

综述的写作结构与形式通常不拘一格，以内容决定形式。常见的有：① 引言；② 主要内容，以小标题分列；③ 结语；④ 参考文献目录。其中主要内容的小标题可以依据科学问题，按讨论对象的分类或研究对象的研究程序（如发现、结构、功能、应用等）来列小标题。手边有几篇相近领域的重要期刊的文献综述作为模板，有时对综述的写作是很有帮助的。

"独上高楼，望尽天涯路"是所有学术研究都绕不过的关键境界，也是研究生学位论文选题的前提。只有经过这一境界，学位论文的选题才可能是真正有学术价值的，才可能避免低水平重复。学位论文的具体研究内容并非完全取决于导师或导师最初的预计，很多研究生就是通过大量的文献阅读，产生体会和灵感，发现本领域的前沿与有重要意义的科学问题，且对之产生浓厚兴趣的。通过与导师商量并提出自己的建议，确定学位论文的研究目标与题目。而这样的研究生往往对自己的研究更加投入，并可以最终取得不俗的研究成果。

这里我要讲一位自己"独上高楼，望尽天涯路"，参与确定学位论文目标，并取得突出成就的研究生的故事。他名叫贺权源，是我们研究室工作特别努力，也是有很强独立工作能力和进取心的研究生。研究室的老师和研究生都记得他的那张行军床，他是通宵达旦在实验室工作次数最多的。他2002年进入我们研究室时，正是开展蛋白质组学研究热潮之时，我们研究室承担了贺福初院士领衔的人类肝脏蛋白质组学国家重大专项，贺权源很快成为该项目的研究骨干。他表现出很强的文献阅读能力和生物信息学分析数据的能力，为此多次在项目的研讨会上得到贺福初院士的表扬。正是通过大量的文献阅读，他找到了当时蛋白质组学研究的几个突破点，也确定了自己的研究目标。

贺权源在文献阅读中发现，随着功能基因组研究的深入，以及高通量蛋白质组技术的应用，大量关于蛋白质的定位、修饰、相互作用以及动态变化的数据被发表出来。如何储存、管理这些数据成了一个迫切需要解决的问题。随着定量蛋白质组学的发展，大量蛋白质差异表达数据被发表在各类非格式化文献中，但很少有人把它们整合成格式统一的数据资源。当时国内外还没有关于差异表达蛋白质的数据库。他领悟到如果建立差异表达蛋白质的数据库，对于寻找生物标记物和药物靶点很有价值。我们研究室很快同意了他的想法，并让几位硕士研究生作为他的助手，建立差异表达蛋白质的数据库 DEPD（differentially expressed protein database）数据库，同时建立这个数据库的储存、提取、分析和应用平台。

通过大量的文献查阅，贺权源提取了来自当时约 200 篇文献的近 4000 个差异表达蛋白质信息，组建了这个数据库，设计了一个界面友好的数据库网站，提供一系列较为完备的蛋白质功能分析工具。该数据库面向普通生物医学研究者，提供了一个功能丰富的数据库平台。它能够回答如下问题：① 疾病组织中哪些蛋白质表达上调或下调？单个差异蛋白质的功能怎样？总体上看它们有什么功能上的相互联系？② 一种蛋白质在哪些疾病组织中有上调或下调过程？差异是多少？③ 哪些蛋白质作为某类疾病的标志物最可靠？该项工作后来发表在著名杂志 *Bioinformatics* 上。[33]

在完成上述工作的基础上，我们发现在研究室研究的动物多肽毒素组学领域，也存在一个对海量数据的查询、比较与分析的需求。动物毒素是一种重要的生物资源。动物毒素在结构、功能和进化上都具有丰富的多样性，因此具有很高的基础和应用研究价值。近年来运用 cDNA 文库测序和蛋白质组学等高通量手段，发现了很多新的动物毒素，产生了大量的序列和功能数据。但当时尚缺乏一个有效的动物毒素数据查询、提取与分析系统，于是我们研究室决定着手建立动物毒素数据库 ATDB（animal toxin database）。由贺权源为核心的小组查询了大量文献，收集了来自 400 多个动物物种的 4000 余条多肽毒素序列和 2000 余条编码多肽毒素的核酸序列，构建了一个功能强大的数据查询和分析平台。该数据库通过非常友好和高效的网络界面，提供一个统一的动物毒素描述框架，分列关于毒素的类型、生物学活性、作用靶点等信息。这是国际上第一个有关多肽毒素的数据库。该数据库在公布后得到了国内外同行的广泛应用和好评，截至 2021 年年底，该数据库的访问量已超过 70 万人次。该工作发表在重要期刊 *Nucleic Acid Research* 上。[34]

除上述工作外，贺权源还通过自己"独上高楼，望尽天涯路"，发现实验蛋白质组学研究方法中一个有价值的目标，即细胞内蛋白质磷酸化的化学定量（磷酸化比例）。这是一个非常重要而又被人忽视的科学问题。除此之外，他还努力在实验动手能力上提高自己。在其他同学的协助下，他采用密度梯度离心、SDS-PAGE 等方法富集目的蛋白，在酶解后用 ^{16}O 水和 ^{18}O 水分别标记完全去除磷酸化和未经处理的两个相同细胞组分。运用布鲁克公司 UltrafleXtreme™ MALDI-TOF/TOF 质谱仪，通过比较两者之间各肽段丰度的差异找到磷酸化肽段并获得其化学定量信息。该项工作在大规模蛋白质组磷酸化化学定量检测的方法学研究中取得进展，并成为其博士学位论文中的一章内容。

贺权源的实例表明，研究生完全可以主动地而不是被动地开展自己的学位论文研究。研究生可以通过发挥自己的主观能动性，在导师确定的研究方向上，通过阅读最新文献和独立思考，确定自己的研究目标。这样更能全身心地投入自己感兴趣的研究，不仅可以做出不俗的研究成果，而且能提高自己的科研素质和能力，为今后独立开展科学研究打下坚实的基础。贺权源在研究生期间一共发表了 4 篇 SCI 杂志论文，这也印证了"天道酬勤，功不唐捐"。这些工作为他后来在美国著名的贝勒医学院（Baylor College of Medicine）做博士后以及在美国卡瑞斯生命科学公司（Caris Life Sciences）作为高级科学家期间独立做出一系列高水平的研究成果奠定了基础。

第七讲 实验动手能力与"金刚钻"

动手能力与实验技术——不以规矩,不成方圆——实验原始记录本的重要性——没有金刚钻,不揽瓷器活——核心实验技术即"金刚钻"——在北大的回忆——几位打造"金刚钻"的研究生——熟练掌握核心实验技术的重要性

/ 第七讲　实验动手能力与"金刚钻"

　　几乎所有的生命科学与生物医学学位论文都是以科学实验与观察为基础和核心内容的。辩证唯物主义认识论即是实践论，因为人对外部世界的正确认识从根本上说来自实践。对于自然科学来说，这种实践就是观察和实验，所有的科学知识和理论都来自观察和实验。这一点在生命科学的发展上体现得尤为典型。可以说，生命科学相关学科教科书上的几乎每一句结论，毫无例外的都有一个科学实验作为背景和依据。而生命科学领域的几乎每一项探索，都是通过动手做实验而得以进行并最终取得成功的。从这一点上看，生命科学领域绝大多数研究生都应当明确动手做实验是获得学位的必由之路，应当特别关注动手能力的培养与实验技能的学习。

　　当然，不仅是生命科学，科学实验在所有自然科学中都是极其重要、不可或缺的。当代最具世界影响力的科学家之一，诺贝尔奖获得者杨振宁说过："对人类来说，科学毕竟有百分之九十是实验活动，科学的基础是实验。那些特别擅长动手的学生应该把这个作为自己的优势，因为他们凭这种本领往往超过他人，能在某些科学领域中做最有益和最重要的事情。"[35]

　　从根本上说，研究生即将从事的科学研究实验与本科学习阶段实验课指导老师给大学生开出的实验课有很大的区别。实验课指导老师会选择那些已为前人多次验证过，而且能很好地揭示某种生命科学原理，如生物化学与分子生物学或细胞学原理，同时应用机会很高的实验让学生亲自实践。通常学生只要遵循正确的操作过程，一般都会得到明确的结果。这与真正的科学实验中要不断探索方法而又经常出现失败的情况是不同的。你即将开展的科学论文实验，肯定是带有创新性的（无创新性你将得不到学位），因而很可能在某些方面是前人未做过的。因此，对于其中的很多实验方法，导师和师兄师姐可以为你指导，但有的时候，要靠你自己去探索，要靠你自己动手解决"船"和"桥"的问题来达到彼岸。

科学实验不是一种个人的随意活动，进行科学实验是不以规矩，不成方圆的。前人为更有效地进行科学实验，总结了很多原则、规定、程序、统一的标准以及统一的实验术语，有些适合于所有的自然科学实验，有些则是专为生命科学实验所设定的。对这些的了解和掌握，都是你以后在科学探索上登堂入室所必备的基本功。比如实验室安全规则、实验中度量衡单位的确定、最基本仪器的使用规则、生化试剂的保存要求、放射性药物的处置、实验动物的标准、实验样品数的要求、阴性与阳性对照的设置、实验室资料的处理、实验原始记录的书写、实验结果的统计学分析、实事求是与清晰规范的实验报告的书写等。以上这些，对于未来从事生命科学与生物医学领域的实验探索是非常重要的。而你只有到实验室并亲自动手实践，才能了解掌握并将这些内容长久保存在你的记忆中。这些是你将来在研究所、生物医药企业或者大学中求职和工作时非常重要的知识技能与素质背景。

刚开始科学实验研究的研究生，特别是认为自己动手能力不强的研究生，常常对自己掌握实验技能缺乏信心，担心能否掌握一些复杂和有一定难度的实验技术。其实，只要你沉下心来，动起手来，总是可以不断进步的。如同学习游泳，问题是你要跳进去，学游泳最好是跳下水再学，喝几口水没关系，但不下水永远学不会。如果动手能力差，那就笨鸟先飞，比别人多花些时间，勤学苦练，再难的实验技术也是可以掌握的。

这里我想对在动手做实验时实验原始记录本的重要性突出强调一下。

实验记录本，是你进行科学研究最重要的工具。手边没有实验记录本和笔，就不要开始做实验；一旦动手做，随时动手记。实验记录应具有真实性、现场性、完整性和连续性。和写文章不一样，实验记录不可事后做任何修改，同时记录越详细越好。每一个训练有素的科学工作者都知道，一项常规程序中发生的最微小差异和任何出乎意料的现象一样，不管当时看起来多么地不相干，也是一件值得注意、值得记录的事情。一个可能被初学者看成是微不足道的细枝末节，往往却是整个实验最重要的地方。

实验记录是给未来的自己回顾和写作论文时看的，也是向导师汇报或者导师检查时看的，有时也为交流给研究室其他成员看的，因此须尽可能书写清楚，但不必追求书写美观。

即便是连续几天重复的实验，比如聚合酶链式反应（PCR）、免疫印迹电泳、蛋白质与多肽样品的纯化、细胞培养等，也要依旧如实记录，特别是每次实验过程和实验结果的细微差别。

实验记录的内容还应包括实验的标题和识别号；所记事情发生的日期、具体时间以及地点（除非这个地点是不言而喻的）；重要仪器的参数及测量情况；重要的外界因素（例如实验室的温度和湿度）；所有化学药品的生产厂家和纯度级别；一切非商品材料的来源；一切可能影响实验的偶发性事件，如停电、他人来访、接电话中断实验等；其他一切造成实验中断的原因、时间、环境和中断的时间长度。此外，仪器测出的原始图表应与实验记录粘在一起，不要另外保存；现在手机拍照很方便，每次仪器测出的原始结果最好拍照并保存在电脑里，避免以后丢失的烦恼。

最后，也是非常重要的，在完成一个实验后的自我评估、体会、小结，以及尚存问题和可疑之处，也应写在每次实验记录的结尾处。

实验记录本必须纸张厚实、装订结实，有页码、日期，墨迹明显，可用作法律依据（如专利争端）。有些生物医药公司的实验室还规定每一页必须有两人签字，不允许留任何空白页。实验记录本必须永久保存，留在从事科研的实验室，以备很多年后也能查证。

每个研究室都有一些较常规的实验技术，如细胞培养、组织切片、蛋白质含量测定、紫外光谱扫描、冷冻干燥、凝胶电泳等，且每个研究室都有与研究课题相关的核心实验技术。很多核心实验技术是该研究领域方法学的前沿，通常都是在很新的文献中报道的关键技术。这些技术决定研究工作的水平。中国有句谚语："没有金刚钻，不揽瓷器活。"核心实验技术就是该领域研究的"金刚钻"。

20世纪80年代初我在北京大学生物学系做研究生时，我的研究目标是完成大熊猫乳酸脱氢酶M亚基的氨基酸序列测定，以与其他动物的相同蛋白质序列比较，从而在分子水平上探讨大熊猫的进化地位（当时 DNA 扩充与测序技术刚刚起步，因而蛋白质的直接测序是当时了解蛋白质化学结构的主流技术）。对这个研究而言，核心实验技术主要有三项。

其一是乳酸脱氢酶 M 亚基的分离纯化，其二是乳酸脱氢酶 M 亚基酶解肽段的分离，其三是分离得到的肽段氨基酸序列测定。为了第一项核心实验技术，我在硕士阶段建立了一种亲和层析纯化乳酸脱氢酶的实验方法，可以从肌肉的匀浆中经一步层析得到高纯度的乳酸脱氢酶 M 亚基。这为后面博士阶段的工作打下了基础。第二项核心实验技术是酶解肽段的高效液相色谱（HPLC）分离。当年整个北大生物学系共有两台进口高效液相色谱仪，使用者必须排队预约。由于我的样品多且要求高度的重复性，因此我常常是通宵连续操作仪器，这需要我熟练掌握该仪器的使用。第三项核心实验技术是肽段的氨基酸序列测定。从工作量上看，手工测序是不可能的。幸运的是，在我的导师张龙翔教授的推动下，北大进口了国内第一台由 ABI 公司生产的当时世界上最先进的 470 型气相蛋白质序列分析仪。我有幸参加了该仪器的接收过程和培训，并能完全独立地操作该仪器。这使我能在两年内夜以继日地完成大熊猫乳酸脱氢酶 M 亚基三套不同酶解方式获得的近 130 条肽段的序列测定，最终拼接完成大熊猫乳酸脱氢酶 M 亚基 331 个残基的氨基酸序列测定，这是当时国内完成的最长蛋白质序列测定。[36,37] 同时，通过比较大熊猫、小熊猫、黑熊与家犬的乳酸脱氢酶 M 亚基高效液相色谱肽谱与差异肽段序列测定，得出大熊猫在进化地位上应列为食肉目中单独一科的推断。所以，如果没有上述三个"金刚钻"级别的核心实验技术，我的博士学位论文是完全不可能完成的。

需要提出的是，核心实验技术并非一定需要昂贵的大型仪器设备，有的时候需要研究生自己打造"金刚钻"，例如前述提到的经过一次柱层析提纯到目标蛋白质的亲和层析技术。另外，打造"金刚钻"的另一层含义是将核心实验技术非常熟练、过硬、全面地掌握。

我们研究室自20世纪90年代初开展动物多肽毒素研究以来，发现了一大批可作用于哺乳动物与昆虫的神经毒素。要探明它们的作用机制，即它们作用于哪种离子通道，采用什么作用模式，必须具备的一项核心实验技术是膜片钳技术（patch-clamp technique）。虽然我在1996年于英国诺丁汉大学神经生物学实验室进修时第一次接触到了膜片钳技术，并在回国后不久就购买了当时较先进的德国产EPC-9型膜片钳放大器、倒置显微镜以及电极拉制仪等相关设备，还派一位年轻老师去清华大学学习该技术，但成功地在我们研究室使用该技术确定两个多肽神经毒素HWTX-I和HWTX-IV在离子通道水平上的功能机制依靠的是一位研究生的努力。

研究生彭宽就是在我们研究室建立膜片钳技术上贡献突出的一位。他也是一位能被科学问题深深吸引，有着很强好奇心，能全身心投入研究工作中的年轻人。他经常睡在实验室，通宵达旦地工作，完全受自己内心的好奇和兴趣驱使。打造膜片钳技术需要很多细节和诀窍技能的掌握，彭宽在膜片钳技术关键环节，如分离和培养神经元细胞、拉制玻璃微电极、离子通道质粒的制备和转染、数据采集软件的设置、实验细胞的钳制与破膜、数据的采集和分析等方面，经过不断尝试、反复磨炼，历经很多次失败才最终掌握。他为自己的研究攻克了这个核心实验技术，并最终证明来自我国虎纹捕鸟蛛的神经毒素HWTX-I是一种N-型钙离子通道抑制剂，解决了我们研究室在HWTX-I神经生物学活性机制上多年的困惑，并证明该毒素有重要的学术价值与应用前景。其后，他又测定出另一个对哺乳动物有致死性的神经毒素HWTX-IV是一种河豚毒敏感型钠离子通道抑制剂，使得该多肽毒素成为国内外多位钠通道研究者的工具试剂，中国科学院院士颜宁教授在研究人类$Na_v1.7$通道结构中也使用了这一毒素。[38] 彭宽的工作先后发表在国际生物毒素领域重要期刊 *Toxicon*[39] 和国际著名期刊 *Journal of Biological Chemistry*[40] 上。而膜片钳技术在后续研究生肖玉成、王美迟、邓梅春等的进一步打磨下，最终成为我们研究室稳定可靠的"金刚钻"，惠及了后续十多年来我们研究室研究生的蜘蛛多肽神经毒素研究，并为中国科学院昆明动物研究所、中南大学等单位的同行提供了技术支持。

研究室的核心实验技术并非要求本研究室或本单位一定要拥有必需的重要仪器设备，有的时候可以在外单位服务性的仪器设备平台收集实验数据，但靠自己建立这些实验数据的分析方法，对获得的数据进行处理，从而得到重要的研究结果。这可视为利用外单位的仪器设备平台打造自己的"金刚钻"。这种模式似乎日益普遍，例如利用服务性技术公司的高通量DNA测序技术进行本研究室感兴趣的样品基因组研究，以及利用外单位高分辨率、高灵敏度蛋白质组质谱技术平台，进行本研究室样品的功能研究与比较蛋白质组学研究。

这里我要扼要地介绍我们研究室在多肽毒素溶液三维结构研究中的一个实例。我们研究室在20世纪90年代初纯化了一批有独特生物活性的多肽毒素。为了深入开展毒素的结构与功能关系研究，测定这些毒素的溶液构象即溶液三维结构是必须取得的突破。当时最适合的技术是核磁共振（NMR）技术，但用核磁共振技术测定多肽与蛋白质结构的工作在国内才刚刚起步。在我们的蜘蛛神经毒素HWTX-I序列被报道后，澳大利亚著名结构生物学家R.Norton教授来信向我们索要HWTX-I样品，表示愿意帮助我们用核磁共振技术测定该毒素的溶液结构。

我把这一情况告诉当时北京大学生物物理学科的带头人顾孝诚教授后，她当即决定我们自己来尝试用核磁共振技术测定HWTX-I的结构。当时我们组织了一个攻关小组，顾老师与张人骥教授的研究生瞿幼星是核心骨干，丁继贞老师也参加了该工作。我们集中制备了一批高纯度的样品，然后在北京微量化学研究所500兆赫核磁共振仪上收集了一系列不同的一维和二维谱及H-D交换谱，再利用北京大学来鲁华教授的能量优化软件，以及有关核磁共振的分析软件，在当时曾在美国做过核磁共振蛋白质结构分析的刘修才博士的指导帮助下，主要通过瞿幼星夜以继日的努力，最终完成了全部主链质子和98%以上侧链质子的归属。通过足够数量的距离约束，以及二面角约束与氢键约束，完成了神经毒素HWTX-I的三维结构测定。[41, 42] 这项工作是当时国内完成的分子量最大的肽类分子的核磁共振空间结构测定。

有了这样一个开端，核磁共振结构分析技术就成了我们研究室研究动物多肽毒素结构与功能的"金刚钻"。在我后来在北大招收的博士生吕善运、舒芹、朱奇、廖智和刘中华等的努力下，在中国科学技术大学施蕴渝院士和北京微量化学研究所涂光忠研究员的核磁共振仪器平台的帮助下，我们完成了近20个多肽毒素或突变体的空间结构测定。而这些结构分别归属于3种完全不同的结构模体。

需要补充的是，前面提到的在本研究室膜片钳技术上做出重要贡献的彭宽，后来成为北大的博士生，他在酵母表达体系中对HWTX-XI成功地实现了^{15}N标记。在此基础上，在金长文教授的指导帮助下，彭宽进行了一系列异核多维核磁共振实验，解决了同核^{1}H二维核磁共振谱因谱峰严重重叠而导致的难以进行谱峰归属的困难。他通过对多肽毒素分子中的N原子进行标记，将该技术基于二维谱的水平提升到三维谱的水平，并完成了含有55个残基的毒素HWTX-XI的三维结构测定。[43]我对此产生的感想是，一位对科学问题怀有好奇和兴趣、有进取心、有独立工作能力，且特别勤奋的研究生，对任何研究室而言，都是十分宝贵的财富。

中国有句谚语："工欲善其事，必先利其器。"对于研究生而言，这个"器"就是研究技术和手段。研究生应当明确动手做实验是获得学位的必由之路，应当特别关注动手能力的培养与实验技能的学习，特别要熟练掌握一套对所做研究最为关键的核心实验技术。

第八讲　在挫折与失败中"淘金"

　　遇到挫折与失败是科研中的常态——产生有价值数据的时间非常珍贵——错误的实验和失败的实验是有区别的——在失败的实验中"淘金"——两位研究生的经历——每一次失败或错误都是有价值的

第八讲 在挫折与失败中"淘金"

科学研究是探索未知世界的过程,道路是充满曲折的,失败的经历远远多于成功。著名数学家华罗庚说过:"在刚进入科学领域的时候,还必须在思想上准备可能遭受挫折和失败,哪一个科学家没有经历过失败的苦痛呢?甚至,如果总结起来,每一个科学家都不能不有这样的感觉:他所走过的失败的道路比他所走过的成功的道路并不少些。"[44]

研究生在学位论文实验中遇到失败和挫折可以说是非常普遍的现象。成功固然令人欣喜,但失败也有其意义。与成功相比,失败能给人更多的启发,带来更多的联想和可能性,也能让人看到更多的风景。真正伴随我们成长的,失败远多于成功。正是不断地失败,引领我们到达成功。

在科学研究中遇到困难和挫折,对于大科学家,对于科研项目负责人和你的导师而言是如此,对于刚进入学术领域的研究生而言更是如此。如果一个科研任务没有难度和挑战,很容易就能取得成功,那么可能你的导师和师兄师姐早就做过了。创新性研究都是在未知中摸索,在迷雾中前行,因而失败是常态,成功是偶然。我们从事自然科学研究,必然是探索未知领域的某种目前还未被人类所认识的自然规律,其中的复杂性可想而知。由于各种因素条件的制约,所以在某种意义上来讲,失败是不可避免的。

很多研究生的大部分时间是在实验室里做实验度过的，有时候废寝忘餐，工作通宵达旦，但真正能出有用的实验结果，也就是能写在论文中的实验结果的时间是很少的。研究思路上的缺陷、实验设计的不周到、实验操作上的不当、试剂质量的不达标、仪器设备状态的异常等，常常让研究生耗去大量的时间后仍得不到任何有意义的结果，给研究生带来烦恼和挫折感。当出现这种情况，导致负面情绪产生的时候，往往正是考验一位研究生意志品质的时候。其实大部分时间都遇到挫折的情况可能发生在每一个研究生的身上，一开始动手做实验就出有意义的实验结果的情况是很少见的。

我想举一个实际的例子，说明研究生在实验室遇到曲折和挫折的时间远远超过其顺利得到结果的时间。张东裔是我1990年回国后招收的第一位硕士研究生，他最后完成的学位论文做出了以下5项研究结果：① 从我国虎纹捕鸟蛛毒液中分离出一种多肽毒素HWTX-I；② 测定了其基本毒性，即对昆虫和哺乳动物的半致死剂量；③ 完成了该多肽毒素的全氨基酸序列测定；④ 证明该毒素序列中6个半胱氨酸残基形成了3对二硫键，并完成了3对二硫键的配对定位，为1-4、2-5、3-6（将6个半胱氨酸残基从N端起编号）；⑤将该毒素的氨基酸序列和二硫键配对模式与当时已知的动物多肽毒素进行了比较分析。[45, 46]

如果我们把他论文中做完上述5项工作获得有价值的数据需要的基本时间加起来，再把必要的重复验证实验的时间、实验准备工作和数据分析处理的时间，以及每天必要的休息时间都加进去，那完成这5项工作的总时间可以为4～5个月，但他实际上很辛苦地工作了3年！可见他在实验室工作的大部分时间并没有产出可以写入论文的有价值的实验结果。也就是说，他的大部分时间可能消耗在了实验方法的学习、关键技术的摸索、实验中出现的各种各样问题的处理、多次实验失败原因的查找、仪器状态的调整、实验条件的优化、实验动物的饲养处理、毒液的采集、色谱柱的填装、某些常用仪器的修理，甚至某些必要实验用具的自制等工作上。

所以我要对新入学的研究生说，要做好充分的思想准备，科学实验的道路是崎岖的。每取得一点有意义的实验结果，都是要付出很多的时间和汗水的。

另外一点值得在此讨论的是，失败的实验结果和错误的实验结果是有区别的，有时候没有得到预期的结果，并不一定是因为实验操作有错误。失败的结果也是结果，是有意义的，不同于错误的结果。很多时候实验是成功的，实验操作和仪器都没有问题，但结果却是阴性的，不符合预期。这说明现有的知识还不能解释目前的结果，说明现象背后的科学规律还没有被发现，这不是坏事而是好事。

为此，下面我要讲另一位研究生的故事。

潘欣在进入我们研究室时，带她本科野外实习的老师对我介绍，她比别的同学更有对自然的好奇心，在野外实习中她是行走距离最远的，也是对老师提出寻根究底问题最多的。在进入研究室后，她的确对研究室的工作非常投入，而且很勤奋，在野外标本的采集、实验动物（大鼠、小鼠、美洲蜚蠊等）的饲养、动物毒液的采集与冷冻干燥等方面做了大量的工作。

当时潘欣在虎纹捕鸟蛛毒液中分离到一个多肽组分，在毒液成分中具有很高的丰度。反相高效液相色谱中该多肽的色谱峰面积达到全毒液色谱峰面积的约5%，仅次于含量丰度最高的对哺乳动物和昆虫具有致死性的毒素HWTX-I。毒液中含量这么高的成分，我们当时推测应该是该动物毒液中用于捕食或防卫的重要工具分子，可能对其他动物表现出毒性。潘欣在我们研究室当时具有的测定动物毒素活性的蟾蜍坐骨神经腓肠肌标本、小鼠膈神经膈肌标本、豚鼠回肠肌标本等实验材料上施加高浓度的上述多肽毒素组分，但都未测到任何活性。阳性对照实验结果说明实验方法没有问题。同时，她将高剂量的该组分注射到不同实验动物（包括哺乳动物、鸟类、昆虫等）体内，均未观察到任何毒性。她花费了半年多的时间，但对这个来自蜘蛛毒液的多肽的生物活性仍然一无所知。那么对这样一个对多类实验动物都没有毒性、生物学功能完全未知的多肽，值不值得进一步深入研究呢？

很多时候实验是成功的，但结果是阴性的，这说明现有的知识还不能解释目前的结果，其现象背后的科学规律还有待被探查。好奇心驱使潘欣对该多肽进行了更深入的研究。她经过多次尝试，完成了该多肽的氨基酸序列测定，发现其为含有32个氨基酸残基的多肽，分子内含有6个半胱氨酸残基，并形成3对二硫键。有了氨基酸序列信息，为我们寻找该蜘蛛多肽的生物学活性提供了一条线索。虽然在20世纪90年代初进行蛋白质的序列比对远没有今天快速有效，但在北京大学生命科学学院罗静初教授提供的蛋白质序列数据库和软件的帮助下，我们将该蜘蛛毒素的序列与数据库中的已知蛋白质序列进行了同源性搜索，发现其与数据库中很多含有3对二硫键的活性多肽有较高的相似性，这些多肽中很多又是对其他动物有明确毒性的。然而，其中一个意外的发现引起了我们的注意，即该多肽C端的一段较长序列，与一种来自植物的苎麻细胞凝集素的一个片段具有高度的相似性。这个结果让潘欣很兴奋，她当即开始学习细胞凝集素的活性测定方法。随后她到学校校医院采集了自己的血样，测定该蜘蛛多肽对红细胞的细胞凝集活性。结果证明，在有对照的条件下，该多肽有明显的对人类红细胞的细胞凝集活性。我至今仍清晰地记得她告诉我这一实验结果时表现出的兴奋和高兴的神情。

她随后又测定了该细胞凝集素对人类和小鼠红细胞发生凝集活性的最低浓度，并命名该多肽为虎纹捕鸟蛛凝集素-I（SHL-I）。这是当时世界上发现的分子量最小的细胞凝集素，对凝集素的结构与功能研究有重要的学术价值。[47]其后的研究生吕善运、林莉等，在潘欣工作的基础上测定了SHL-I的三维结构，发现其属于抑制性胱氨酸结（ICK）模体，并发现该凝集素专一性地结合于甘露糖胺与唾液酸上。[48]数年之后，德国结构生物学家与我们研究室合作测定了该细胞凝集素与唾液酸的三维结构结合模式，并利用该分子研究了细胞凝集素的结构与功能间的关系，提出细胞凝集素凝集细胞在结构生物学层面上的可能机制。[49]

综上所述，研究生在进行学位论文相关的科学实验研究时，不顺利和挫折是常态，而顺利获得研究结果反而是偶然的，是有很多条件约束的，很不容易。因而该过程符合客观规律的必然性是以偶然性的形式出现的。探索性研究常常是好事多磨的。一方面，掌握研究方法需要一个过程，一个经常出现这样那样错误与不当的过程，包括主观的（如操作错误）和客观的（如仪器设备状态不正常）因素。在这种情况下，要通过吸取教训、反复实践、不断总结，提升研究能力，才能获得研究结果。另一方面，出现不顺利的情况还可能是由于现有知识和认识不足以解释已有结果，从而需要不断改变思路，寻找出新的科学真相和规律。

实验失败主要是指没有达到预期目标的状态或事实。错误则主要是指出现实验设计有误、操作不当的行为。失败可能是由错误造成的，但失败并不等于错误。失败是没有得到预期的成果，有时候实验是成功的，结果是阴性的。失败的结果是非常重要的，至少有三个作用。其一是分析失败的原因，是否有某种未知的因素在起作用，为下一次的成功奠定基础；其二是让自己在失败的过程中训练辩证分析的能力，总结失败的经验；其三是把这样的经历拿出来告诉研究室的同行，可能这一研究思路或实验设计本身不通，需另辟他径，让老师和同学少走弯路。

研究生们要记住，每一次失败或错误都是有价值的。付出的时间和精力并非完全没有回报，我们应当从失败和错误中"淘金"，也许，意外的惊喜，或者未来的成功就在其中。

第九讲　研究室里的智商与情商

　　智商与情商——研究室里的研究生智商差别不大——情商更关系到研究生的成功——情商通过学习训练可以提高——一位研究生的故事：对抗逆境——另一位研究生的故事：勇于挑战与坚持

第九讲 研究室里的智商与情商

每一位进入研究室的年轻人都是各不相同的,这种不同除外在的声音、容貌外,每个人还都有自己的气质、个性和特点。对这些与生俱来的特质,研究生无论是对自己还是对别人,都不必介意,也无须改变。人与人有不同是绝对的,每个人都是唯一的。但有两种更深入一点且与后天相关的特质,即每个人的智商和情商,倒是值得介意和关注的。因为这两者有可能影响研究生的读研进程,在一定程度上关系到读研过程是否顺利,甚至关系到学习与研究过程是否有好的心情和高的生活质量。然而,无论智商还是情商都是可以改变的,可以提高的。

很多研究生导师似乎都有相近的体会,对于进入研究室的相对成熟的研究生来说,智商的差别似乎并不大,情商的差别倒是比较明显,而且对研究生的学习和研究过程也影响更大。研究生的情商比智商更重要。

智力商数(intelligence quotient,IQ),简称智商,是一种表示人的智力高低的数量指标,但也可以表现一个人对知识的掌握程度,反映人的认知能力、思维能力、语言能力、观察能力、计算能力、记忆能力、想象力、创造力以及分析问题和解决问题的能力。据《不列颠简明百科全书》智力商数词条所载:将一般人的平均智商定为100,人们的智商是以平均数字100和标准差15为正态分布的。而正常人的智商,根据这套测验,大多在85到115之间。[50]智商主要靠遗传,但也与生活环境、受教育经历有关。人的智商不是一成不变的。

在进入研究室以后，通过学习，研究生可以在一定程度上提高智商水平，比如文献学习，特别是参加由导师组织的研究课题组的"文献俱乐部"，讨论与本领域相关的最新发表的高水平论文（如发表在 *Science*、*Nature*、*Cell* 等杂志上的论文）。文中的思路、创新点、方法学上的突破、对进一步研究的启示等，其实是一种很好的智商训练，可以提高我们的逻辑推理能力、分析问题和解决问题的能力，以及记忆能力，同时还能提高英文水平。回想我在波士顿大学 R.Laursen 教授的研究室做博士后期间，包括所有博士生（该研究室没有硕士生）和博士后都会参加研究室咖啡组会，每次 1～2 人做有准备的主讲，或讲文献，或讲近期工作进展，然后大家讨论。这种轻松非正式的小会，是我博士后期间最有学习收获的研究室活动。前面提到的研究生自己通过文献阅读，写一篇高水平的文献综述同样也是一种智商训练，不仅可以为自己寻找有价值的研究目标，还可以提高文献阅读、分析归纳、去粗取精、提炼总结的写作能力。

情绪商数（emotional quotient，EQ），通常简称为情商，是一种自我情绪控制能力的指数，但有时候也难以下一个确切的定义。情商主要反映一个人感受、理解、运用、表达、控制和调节自己情感的能力，以及处理自己与他人之间情感关系的能力。情商高的表现包括有共情心、能理解他人、有信心、乐观、坚持、善于与人沟通、不怕挫折、乐于助人、有团队精神等。如今，人们面对的是快节奏的生活、高负荷的工作和复杂的人际关系，没有较高的情商是难以获得成功的。美国著名学者与作家丹尼尔·戈尔曼在他的名著《情商：为什么情商比智商更重要》一书中说："我们根据经验知道，在进行行为和决策时，情绪的作用等于甚至常常超过思维的作用，我们过于强调智商在人类生活中的价值和意义。不管怎样，当情绪占据支配地位时，智力可能毫无意义。"[51]作者在该书中甚至提出"一个人的成功=1%的智商+99%的情商"。

人际关系是人生的重要资源，良好的人际关系往往能获得更多的成功机会。即便是在研究室，良好的人际关系也是获得成功的重要因素。情商高的人，人们都喜欢同他交往，他本人也总是能得到众多人的认同和支持。情商的形成和发展，先天的因素是存在的，但与智商明显不同，情商是通过指导、学习和训练能得到明显提高的。

情商影响认识和实践活动的能力。它通过影响人的兴趣、意志、毅力、好奇心、努力实现目标的欲望，推动人的行为。智商不高而情商较高的人，学习效率虽然不如高智商者，但是，有时能比高智商者学得更好，成就更大，因为锲而不舍的精神使之勤能补拙。另外，情商是自我和他人情感把握和调节的一种能力，其作用与社会生活、人际关系、健康状况等有密切关联。情商较低的人人际关系紧张，而情商较高的人，通常有较健康的情绪，有良好的人际关系，容易成为群体中更受欢迎的人，具有较高的组织号召能力，并且也会促进个人智商的发展。

进入研究室的研究生都是20多岁较成熟的青年人。在这样的年龄阶段，人与人之间的智商差别，至少说在大多数情况下表现出来的智商差别并不明显。从很多导师的经验和许多研究生以后的发展结果来看，能否成为一名有成就的优秀研究生更重要的是取决于其情商高低。也就是取决于这位青年人是否有好的意志品质和执着精神，性格是否豁达开朗、积极向上，能否做到尊重他人、吃亏让人、说话办事有分寸，与人相处的能力和与别人交流的能力如何，是否有团队精神、区分大小事的能力，以及能否不为周围物质环境诱惑影响等。

我们来看看研究室里哪些方面可以表现出情商的重要性，或者说哪些情商的表现可以帮助研究生更顺利地完成学业。

人们常说，作为一名研究生要学会做学问，更重要的是学会做人。学会做人实质上是让自己有好的情商。无数实例证明，事业上的成功者共有的一条特点是坦诚做人，只有先做人才能做好事。为人真实、诚恳、善良、善解人意，富有同情心和感恩心等是一位研究生努力修行提高自身修养与情商的重要方面。

在实验室里与人相处难免会出现各种矛盾，特别是研究生较多的实验室。例如使用仪器的先后顺序、设备损坏的责任追究、实验样品的相互影响、实验台面的分配占用等，会使研究生之间产生不满甚至愤怒的情绪。人有情绪肯定会有自然的表达，这是与人的某种本能相关的。但情商可以让人的情绪有分寸地表达，有控制地表达，从而不会使因小事而产生的矛盾进一步激化。有时候吃亏让人，反而会带来延期的回报。人群中每个人皆有差别，人性有其弱点，难免遇到极端自私、斤斤计较，甚至损人利己之人，在有宽容之心的同时，防人之心也不可无，这可能也是一种情商的意义。

对于探索自然科学的人来说，最重要的品质是追求真理，做真的实验，出真的结果，写真的论文。做科学实验、学术研究应当让自己处于一种清雅纯正的境界，要有纯真孩童的赤子之心，动力来自对大自然的热爱，对大自然奥秘的迷恋。淡泊名利，甘为清苦，耐得寂寞，只受自己内心的召唤驱使，不为周围环境和浮躁之风所染，潜心做好实验和科研，这些说起来容易做起来难。然而，当社会上很多人在经济的左右下为金钱和虚荣而喜怒哀乐时，你从探索自然中得到别人不可能得到的快乐，也是一种重要的情商回报。

对于今天的科学研究来说，团队精神是十分重要的。一个研究室是为共同研究方向和目标而相互合作的一个集体、一个团队。高水平的研究室才可能产生高水平的研究成果，只有团队的成功才可能有个人论文的成功。你帮助研究室，研究室也会帮助你，你乐于助人，也会有更多的人乐于助你。你应当明白要完成一篇好的学位论文一定会需要很多其他人的帮助。如果在进入研究室后，你以个人为中心，大小事不愿出力，斤斤计较个人利益，那么你将会遇困难、麻烦，你也绝不会有好心情。一句话，研究室是一个大家庭，你要把自己融入其中，让所有人，包括老师和同学感到你的存在对研究室和大家是一种价值。

好的记忆力、好的理解力属于智商高的表现。如果有人在这些方面能力稍低，也可以通过情商的训练，建立一些好的学习习惯来使相应的能力得到提高。

俗话说："好记性不如烂笔头。"训练自己写备忘录、记笔记是很有帮助的。比如在向导师汇报实验进展或导师约你面谈的时候，将导师的主要意见和建议有心地记录下来，是会有帮助的。如果事后马上整理出备忘录，发给导师，一方面可以确认自己对导师的要求是否明白，另一方面也可以让导师明确你是否理解了他的意图,有可能还会获得导师的进一步指导。这些备忘录也将帮助你可靠地落实在行动中。

听学术报告是研究生阶段经常性的活动,也是学习的好机会。很多学术报告人是导师邀请的与你的研究领域紧密相关的同行专家。听学术报告时带上笔记本是很好的习惯,可以训练快速记录的能力,记录下给你印象最深的东西,以及与你的研究最相关的思路、方法和结论。也可以记录下你的疑问和联想,这对你今后的实验和论文写作都很有意义。如果听报告之后,与报告人做进一步的交流,记录下他的联系方式,不仅对你现在的学习研究很有帮助,很可能对你今后的学术生涯也有重要意义。

研究生在科研中常常遇到各种困难和压力,有时还会有接二连三的失败和挫折,这会给情绪带来很大的负面影响。但有的研究生有较强的意志品质、执着精神,不放弃、不气馁,可以沉下心来寻找挫折与失败的原因,坚持继续努力,最终得到柳暗花明的结果。

研究生偶尔也可能遭遇不幸,如身体的突发疾病与意外伤害、家庭的变故与亲人的离世、失恋的痛苦等。如果这些心理的伤害挥之不去,则会导致焦虑和抑郁。这种情况也是情商修行的机会,要学会从负面情绪中走出来,做一些自己喜欢的有意义的活动,包括更多地投入自己的科研中,取代焦虑与抑郁。要有信心,时间终将能医治情绪上的创伤。

总之,情商的提升,也是研究生修行的任务,不仅对顺利完成学业有帮助,对今后人生道路与事业上的成功也有重要意义。

在此，我讲一位研究生的故事。她叫舒芹，是一位柔弱的女子。她从本科做毕业论文时便进入我们研究室，表现出强烈的求知欲，以及在实验研究中不惧困难、坚持不懈的顽强精神。她开始硕士研究生学习不久，便遭遇到一次意外的打击。一天她在校园里行走时，一块突然飞来的石片击中她的右眼眼球，眼球当即剧痛并大量出血。虽然找到了肇事者，但经过半年多的反复治疗，由于角膜和玻璃体的严重损伤，且伤及眼底，视神经萎缩，她的受伤右眼最终几乎完全失去视力。这对任何人来讲都是难以承受的打击，更何况是对一位在科学研究中随时需要视力的研究生。这种不幸对一个人情绪上的打击是巨大的，有时会使人陷入焦虑和抑郁，但舒芹以她坚毅顽强的精神使自己走出了情绪上的阴影。她坚持用一只健康的眼睛完成了很多艰巨的实验，并得到了很有意义的结果。她从我国虎纹捕鸟蛛粗毒中，分离纯化了一种使小鼠呼吸麻痹致死的多肽毒素 Huwentoxin-II（HWTX-II），同时还发现该毒素对昆虫（蜚蠊）也有麻痹致死的活性。她完成了该多肽毒素 37 个氨基酸残基的序列分析，发现其与本研究室以前发现的神经毒素 HWTX-I 序列同源性较低。此外，她还通过创新性的定量实验设计，发现 HWTX-II 能明显强化 HWTX-I 的神经毒活性，即发现两种多肽毒素之间有协同作用[52]，完成了一篇高水平的硕士学位论文。

她在硕士学位论文的致谢中说："由于老师们和同学们的关爱和帮助，我得以经受住巨大的挫折和困难，得以完成目前的工作与论文。"实际上，最主要靠的是她自己化解悲伤、不惧困难、顽强努力的高情商，在与眼睛伤痛的斗争中成功完成了学业。舒芹后来考取了北京大学生命科学学院的博士研究生，同样地，她克服巨大困难，靠自己的一只正常眼睛，完成了一篇出色的博士学位论文。她完成了HWTX-II的二硫键配对分析，发现HWTX-II采用了一种多肽毒素中十分罕见的二硫键配对模式。继而通过从北京微量化学研究所和中国科学技术大学施蕴渝院士研究室收集的一系列一维和二维核磁共振谱，完成了HWTX-II的所有主链质子和95%以上侧链质子的归属。通过592个质子间距离约束和16个二面角约束，计算得到HWTX-II的溶液结构，发现该结构属于蜘蛛毒素结构中的一种新结构模体。其工作发表在国际蛋白质科学领域的重要杂志 *Protein Science* 上。[53]

我还想讲另一位研究生的故事，他的故事也证明在研究室情商要比智商更重要。

研究生周熙来自湖南省新化县的一个农村，他上研究生之前是在湖南省怀化学院读的本科。怀化学院当时属于地级市二本地方学院，如果把高考作为智商水平的测试，那他的智商可能比不上考入985或211国家重点大学的学生。但他在进入我们研究室读硕士研究生后，从一开始言语不多、说话腼腆，看似有点内向的农村同学，逐渐在具体实验研究中表现出踏实、认真、虚心求教、勤于动手的品格。特别是他敢于挑战有难度的实验技术，敢于尝试国内外没有人做过的实验方法，而且选定关键科学问题后，能集中精力、不惧失败、持之以恒地进行攻关。

他被选为硕博连读的研究生后，主要工作是有关电压门控钠通道亚型$Na_v1.9$的研究。$Na_v1.9$是外周疼痛信号通路中非常重要的一个通道。在钠通道研究领域，$Na_v1.9$ 是公认的最具挑战性的研究难点，也是 9 个钠通道亚型中研究最滞后的一个。其中最大的挑战在于没有一个可靠的、稳定的 $Na_v1.9$ 异源细胞表达系统，这极大地限制了 $Na_v1.9$ 门控机制和药理学的研究。如果在这个通道上有一点突破，那将是很大的进步。周熙接受了这个任务挑战，随后集中精力、夜以继日地进行攻关。他进行了一系列探索，经历了无数次失败，不断总结与修改方案，半年后终于看到一点曙光。再经过两个月的优化后，终于成功地构建了 $Na_v1.9$ 异源表达系统，取得了一个重大的方法学上的突破。在此基础上他深入研究 $Na_v1.9$ 的电生理特征等，进一步取得了一系列重要的成果。他的 $Na_v1.9$ 通道研究的博士学位论文工作先后在 *FASEB Journal*、*Frontiers in Pharmacology* 等重要杂志上发表[54, 55]，并申请国家发明专利 1 项。特别是在通过博士学位论文答辩后不久，他针对 $Na_v1.9$ 的药理学与功能的研究取得了有重要意义的研究成果，论文发表在了 *Nature Communications* 上。[56]

周熙在他的博士学位论文中写道："五年半的学习与科研时光，自己从一个懵懂而仅有科学研究热情的小伙子，一步一步转变成有一定科学思维和执行力的科学探索者，如今也已快到而立之年。其中有实验进展受阻的沮丧，有对科学研究的坚持，也有得到关键实验数据的喜悦。可以说，这五年半的研究生时光是我最值得回味的一段旅程，也是我收获最大的一段经历。"

周熙的研究生经历和他取得的成功，是在研究室里情商比智商更重要的典型例子。对于新进入研究室的研究生而言，完全不必为自己来自一个一般甚至不好的大学本科而自卑，也不必为自己过去没有当过学霸而羞愧，从进入研究生学习的第一天开始，大家就都在同一条起跑线上了。勤奋努力、执着坚持、不惧挫折、心怀敬畏、富有团队精神、善待他人、求知若饥、虚心若愚，这些情商的提升，都将给每一名研究生带来成功的机会。

第十讲　业余时间：与事业相看两不厌

　　人的差异产生于业余时间——人的前行需要两只脚——业余生活促进事业成功——有张有弛方能行稳致远——毛主席的《体育之研究》——体育运动提高工作效率——两位研究生的例子——培养业余兴趣爱好——关注一件对人生和事业都很重要的事——相看两不厌，事业与生活

第十讲 业余时间：与事业相看两不厌

研究生在入学、进入研究室之后，培养和研究程序大致是相同的，如学位课程学习、阅读文献、开题报告、科学实验（研究内容各有不同）、学位论文写作、论文送审、论文答辩等。当然在这大致相同的过程中，也能体现出每名研究生的个性。但更能表现出个性的是他们的业余时间，即研究室之外的时间他们是怎么度过的、他们的爱好是什么、他们关注的是什么、他们做哪些使自己开心的事、他们内心还在追求什么，从中更能体现每个人的独特性。正如有人所说，人的差异产生于业余时间。

事业时间和业余时间，可视为我们生活的两只脚，我们不能只靠一只脚走路。做研究生的过程，固然应该把主要的心思都放在学业上，探索你所要探索的那些问题。可是那只是你的一只脚，另外还有一只脚是要轻松地、有意义地、丰富多彩地度过你的业余时间。人生的前行需要两只脚走路，方能行稳致远。

其实，业余时间并非与研究生的主要任务无关。我在与研究生相处中发现，那些业余生活丰富多彩、活跃主动的研究生，往往科研工作也做得相当不错，研究结果也常常出类拔萃。我不知道上述情况是否有某种内在规律，但我想在这一讲讨论一下其中可能的联系。

一方面，艰辛的科研工作会让神经越绷越紧，任何一根神经颤动太久都会疲劳，所以要有张有弛，方能让久久为功的科研探索行稳致远。为了成功，每时每刻都在紧张拼搏是不可取的，是适得其反的，甚至会让人崩溃。以跑百米的速度，是不可能跑完马拉松的。日常下功夫，只有关键时刻才拼搏，紧要关头只争朝夕，咬牙坚持，但可以放松的时候务必尽情放松。

另一方面，研究生过程中不可避免地会产生各种压力，出现困难和挫折，以及人际关系紧张的情况，因而出现各种负面情绪，产生焦虑，严重者甚至会出现抑郁症，因此懂得放松才能保证自己的身心健康。

国际知名期刊《自然》于2022年10月发表的一项调查显示，全球40%的博士生和28%的硕士生曾就学业压力造成的抑郁和焦虑寻求过帮助，研究生患抑郁和焦虑的可能性比普通人高出6倍。[1]

根据清华大学教育研究院李锋亮教授团队的调查，我国有超过一半的研究生自我感知的心理压力程度比较高。其中11.2%的被访者认为自己的心理压力非常大。而且，博士生的心理压力显著高于硕士生的心理压力。[57]

在我接触过的众多硕士生和博士生中，以及在我分管研究生工作时所了解到的不同学科的研究生中，出现焦虑甚至抑郁症情况的并不少见，有些的确需要心理帮助。但很多情况下，要靠研究生的自我调节。其中，业余时间的安排和丰富多彩的活动被证明对预防和缓解焦虑和抑郁是很重要的。

从一些研究生的经验来看，当学习和研究工作感到压力很大，出现焦虑情绪时，在业余时间远离研究室，改变环境和氛围，比如到广袤的大自然中走一圈，尽情放松自己，做一两件自己喜欢做的事，是可以缓解因压力而产生的焦虑情绪的。

要找到尽情放松自己的方法。其中体育锻炼，特别是自己喜爱的运动，我以为可作为第一条。毛泽东主席在他1917年写的一篇题为《体育之研究》的文章中这样评价体育："非第增知识也，又足以调感情。感情之于人，其力极大……吾人遇某种不快之事，受其刺激，心神震荡，难于制止，苟加以严急之运动，立可汰去陈旧之观念，而复使脑筋清明，效盖可立而待也。"[58]

体育运动"足以调感情""复使脑筋清明"，这也许是很多体育运动爱好者，不仅很少患焦虑症和抑郁症，而且工作效率高，在研究工作中能做出较好成果的原因。我们研究室曾经的研究生中有不少这样的实例。

前面提到的我们研究室的第一位硕士生张东裔就是较为典型的例子。张东裔酷爱体育运动，尤其是羽毛球和乒乓球运动，他是学校羽毛球代表队成员，曾获得学校羽毛球赛双打冠军。张东裔坚持体育运动，使他有良好的体魄，精力旺盛、思路敏捷，这与他后来在学术上取得很好的发展是不无关系的。

他的硕士学位论文做出了相当出色的成果。后来考入北京大学，成为北京大学前校长张龙翔教授的研究生，再后来在美国完成了博士后研究。在美6年的博士后研究期间，张东裔在 *Nucleic Acids Research*、*Hepatology* 等重要杂志上发表了7篇高水平的学术论文。回国工作后，他先在长沙大学作为生物化学与分子生物学的学科带头人进行科学研究，后来特招进入国防科技大学，负责国防科技大学的生物学学科创建工作，在合成生物学技术方面做出突出成绩，担任生物学交叉技术领域全军专家组成员。

另一位热爱体育并在科学研究中表现杰出的研究生是李选文。李选文有着一副运动员的身材,他十分喜爱篮球运动,而且球艺很不错,曾作为生命科学学院篮球队的队长带领球队获得学校篮球赛的亚军。他很像前面提到的张东裔,体育运动使他有良好的体魄,精力旺盛、工作效率出类拔萃。他的博士学位论文专攻细胞质膜蛋白质组学研究。细胞质膜是细胞与外界环境直接接触的场所,质膜蛋白质是细胞的"门铃"与"门户",执行细胞内外物质交换、信息转换等功能。在已经发现的药物靶标中,大约有2/3是质膜蛋白质,因此细胞质膜蛋白质组学研究具有重要的理论意义和应用前景。由于质膜蛋白质大多具有低丰度和强疏水性等特点,因此质膜蛋白质组学研究成为蛋白质组学研究中的难点。他选择大鼠肝脏和海马细胞为模式材料,进行质膜蛋白质组学技术和方法研究。他的工作取得多项创新性成果,特别是在质膜蛋白质组学技术方法上取得突破。[59, 60, 61]他的博士学位论文工作一共在 *Journal of Proteome Research*、*Biochemistry*、*Molecular and Cellular Biochemistry* 等杂志上以第一作者发表论文6篇,是我们研究室论文产出最多的博士研究生之一。他后来到美国宾夕法尼亚大学做博士后,同样表现优秀,在 *PNAS*、*Circulation* 等杂志上发表了高水平论文。目前,他在世界著名的制药企业美国礼来公司(Eli Lilly and Company)担任高级研究员。

其实每一位研究生都可以找到适合自己的锻炼身体的方式。从入学一开始就关注自己的健康,能保证不仅读研期间,而且今后都能有好的生活质量。最大的人生智慧是健康第一,这关系到人生的长久幸福。使自己有健康的身体，除了体育锻炼，还要养成好的生活习惯，了解科学养生知识，这都是业余时间需要用心对待的功课。

丰富多彩的业余生活，对缓解压力、减少负面情绪、保持心理健康非常重要。实践证明，年轻时为自己培养几种业余爱好，对保持心理健康是很有意义的。听古典音乐、唱卡拉OK、习练乐器与书法、写诗词、旅行、读小说等都是放松心灵、愉悦情绪的很好的方式。

业余时间用于建立自己的朋友圈有多方面的意义。会见朋友、与同学聚会，也是放松心情、缓解负面情绪的非常有效的活动。硕士生3年，博士生5～6年，有很多与自己年龄相近的人交往接触的机会，包括同年级、高年级、低年级的研究生同学，以及别的专业、别的院系的同学，在这些交往接触中很有可能遇到情趣相近、所见略同，乃至志同道合的朋友，甚至遇到能保持长久友谊、互为知己的莫逆之交。其实，这与人类的社会性本能有关系，人类在长期进化的过程中形成的社会性本能使每个人都需要朋友，这有利于个人生活质量的提高，在行为进化上也属于一种选择性依恋（selective attachment），如同每个人都需要家庭和亲人一样。

在学校建立的朋友圈，不仅对近期的学习和研究有意义，而且有利于今后的事业发展和生活。很多成功的创业者，比如淘宝的马云、新东方的俞敏洪、腾讯的马化腾，他们的创业团队成员很多都来自在学校时的知心朋友或朋友圈。我们研究室毕业的研究生在大学和科研院所工作的，都经常在科学信息、研究方法、科研理念、课题申报、研究生就业等诸多方面相互支持。

研究生都是20多岁的年轻人，业余生活中有一件将影响今后人生一辈子的、最值得关注的事，就是寻找自己个人生活的另一半。这件事在本科生阶段即可以考虑，但在研究生阶段更值得考虑和行动，因为在研究生阶段人生阅历更多，人格更成熟，而且即将面临毕业后的事业和学术生涯。学校是年轻人最集中的地方，可以遇到各种外秀内慧、个性独特、情趣相投、年龄相近的异性，是最有可能遇见与你有缘的人生伴侣的地方，无须等到不确定的将来。

哈佛大学终身教授、美国工程院院士、世界著名系统控制科学家何毓琦教授，在他的一次关于年轻人如何才能做好科研的报告中，最后给博士生提出的一点忠告是："娶一个好女孩。"他在报告中说："几年前在我给克利夫兰州立大学做报告的问答环节，一个学生问我'如果您只有一次机会，您会给一个即将步入社会的青年最重要的指点是什么？'我不假思索地回答'娶一个好女孩。'这也许并不是那个学生所期望的答案。后来，我反复咀嚼这句话，愈加笃定这个信念。"[62]

寻找爱情，组建家庭，是最普遍、最真实的人性。中国人讲"婚姻大事"，西方人认为"婚姻是人生一场大的赌博。"之所以都言其大，是因为婚姻的确同时关系到人生幸福和事业成功。研究生在进入社会，开创自己的事业之前，"娶一个好女孩"或"嫁一个好男孩"本身就是人生最大的成功之一。研究生在毕业进入社会开创事业时，配偶是最可信赖、最重要的助手。社会上流传说："每个成功的男人背后都有一个坚强的女人。""每个成功的女人背后都有一个真诚的男人。"其中的道理是不言自明的。

因此我以为，研究生在业余时间在这件事上做点功课，花点功夫，有所作为，是会有很大回报的，是性价比很高的付出。

在过去30多年中，我们研究室的相当多研究生都是在研究生阶段确定了自己的终身伴侣，包括我前面提到的多数研究生。我们研究室内部也成就了十来对配偶，我以为这也应当视为研究室生活多彩的一笔。只要处理得当，不仅不会影响研究室的研究工作，反而无论对研究生本人还是对研究室集体都有一定的积极意义。因为这是符合自然规律的真实的人类生活，可能会给当事人带来更积极向上的情绪、更大的追求成功的欲望，以及与他人和谐相处的情商。

当然，每个人情况各有不同，每个人根据自己的人生经历和所处环境，对上述问题会有自己的理念与选择。我们研究室也有很多研究生是在毕业后找到了自己的伴侣，组建了幸福的家庭。我以为，这是属于每个人的不同缘分。

我将此讲题为"相看两不厌"，源自李白的诗句"相看两不厌，只有敬亭山。"我以为，每个人都有事业工作和业余生活，或者说事业时间与业余时间。此二者之间可相互欣赏，你看我，我看你，彼此之间两不相厌，从某种意义上讲，也可以说是事业与生活相看两不厌。正是因为彼此之间两不相厌，怎么看也不觉得满足，才能相互促进，让事业和生活皆有所成，相得益彰，这也是成就人生的一种境界。

第十一讲　我思故我在：研究生应为独立思考者

　　生命应留下思考的时间——笛卡尔的"我思故我在"——柏林大学的"寂寞与自由"——独立之人格，自由之思想——每个人都有创新思维的潜能——ChatGPT不能代替人类思考——学点逻辑学会有帮助——思想的火花与创新的灵感没有定式——最好的思考时间——独立思考产生内心的召唤

第十一讲 我思故我在：研究生应为独立思考者

研究生每天都很忙碌。

你要修完必要的学位课程，你要学习与学位论文研究相关的基本知识和前沿知识，要花很多时间阅读文献。你要学习实验技术，要独立掌握研究的方法和技能，要把主要时间用于科学课题研究，分析总结每次的实验结果。你还要准备研究室和导师要求的定期或不定期的交流汇报，经常处理研究室、研究生培养程序和自己生活中的各种问题。你似乎有做不完的事，每天忙碌成为研究生的常态。

但是无论如何，研究生每天都应留下静默思考的时间。研究生不仅应当是行动者，还应当是思考者。有一句名言："生命应留些时间思考。"这句话对研究生似乎更为重要。

也许会有研究生说，我每天行动时都在思考呀，没有思考怎么行动？你说的没错，但那是一般的思考，我在此处说的是静下心来的静默思考，一种人们常说的"深思熟虑"的思考，一种对一个或几个问题进行多个层次的"为什么"的思考，对多种可能的"如果……会怎样"的思考。如同某些围棋高手对关键的一步棋，有时会思考半小时以上才投下棋子，一般人可能思考到 3 步棋以后的棋局变化，但高手可以思考到 7 步棋以后的棋局变化，这是一种深思熟虑的静默思考。

被称为"近代科学的始祖"的 17 世纪法国哲学家、数学家、物理学家勒内·笛卡尔有一句广为流传的话:"我思故我在(Je pense, donc je suis)。"他认为我在思考(怀疑、理解、想象、肯定、否定)的时候,定有一个执行"思考"的"思考者",这个作为主体的"我"是不容怀疑的,这个我即是思考者的我。[63]通俗一点说,这句话可理解为,"我"在思考所以"我"存在,也可理解为"我"因为思考而存在着。

著名教育哲学家张楚廷教授在讨论"我思故我在"这一哲学名言时,提出其中的"我"字,也可理解为"人"字,即"人思故人在"。"我思故我在"的基本思想是说如果我或人不再思考,那么我或人也就不存在了,人因思考着而存在着。张楚廷先生还引申出"我在故我思",意思为我存在着,所以我应该思考着。[64]

独立思考应该是一所大学和一个学术单位的正常氛围。被认为是研究生教育发源地的柏林大学曾经的学校理念是"寂寞与自由",这是柏林大学创建者威廉·冯·洪堡提出来的,也是他认为的大学应有的存在方式。实际上"寂寞与自由"也可理解为是倡导校园里的学者和学子寂寞地思考、独立地思考与自由地思考,经常寂寞地沉思于自己的学术领域中,应是一所高水平大学的正常氛围(当然也包括在独立思考的基础上进行学术交流)。正是在这种学术氛围下,柏林大学产生出了包括爱因斯坦、薛定谔在内的57位诺贝尔奖获得者,以及包括马克思、黑格尔、叔本华在内的一批学术泰斗。

爱因斯坦在纪念美国高等教育300周年会议上说过:"教育的首要目标永远应该是独立思考和判断的总体能力的培养。"

能够独立思考和判断,是人类区别于其他灵长类动物的根本。

能够独立思考和判断，是人类发现自然规律的前提。

能够独立思考和判断，是人类创造如此灿烂文明的源头。

无论是人文科学还是自然科学，都是由众多善于独立思考的思想家开拓和发展的。

亚里士多德、老子、马克思、恩格斯都是思想家；

牛顿、爱因斯坦、达尔文、杨振宁也都是思想家；

思想家是集智慧思想之大成者。

然而，对包括我们研究生在内的每一个普通人而言，也可以因善于独立思考而产生某种灵感，或某种创新的、有价值的思想。即便是普通人也有产生创新思想火花的潜能。

研究生教育是人类的精英教育，如果一个国家的研究生中不产生有价值的思想、创新的灵感，或者不能培养具备产生有价值思想、创新灵感的素质，那这个研究生教育就不是高水平的，是没有竞争力的，也不能实现人类社会建立研究生系统的初衷。

研究生应当培养独立思考的能力，研究生教育的管理者应当创造让研究生独立思考的环境，鼓励研究生独立思考，产生自己的思想。研究生不应被培养成循规蹈矩的跟随者，而应当成为敢于思考、善于思考的独立思想者，能够在现在和将来标新立异，甚至产生某种有价值的奇思异想。研究生应当敢于怀疑现存之物，敢于思考探寻大自然和社会的真理。

清华大学的校训是"自强不息，厚德载物"，其实还有两句话在清华历史上被广为传扬并写入现在的《清华大学章程》，那就是"独立之精神，自由之思想"。这句话最初出自清华大学国学大师陈寅恪的"独立之人格，自由之思想"。这句名言曾在20世纪早年中国那个最黑暗的时期，点亮了无数知识分子心中的追求真理之火。

著名教育家蔡元培倡导的北大精神为"兼容并包，思想自由"。如果说陈寅恪的名言是从个体的角度强调了思想自由，那么蔡元培则是从整体的角度强调了思想自由的重要性。

独立之人格，自由之思想，提示人应充分意识到自己的存在。自己是独特的、无可替代的，可以与众不同，独立于他人。一个可以因可思可想而存在的自己，一个有着尊严的自己，一个可以把握的自己，一个懂得自己具有某种神圣唯一性且努力爱护自己尊严的自己，一个可以自由思考各种问题，做出自己独立判断的自己，一个可以更智慧、更高尚的自己。

当然，上述思想也适合于你周围的所有人，他们都可以有独立之人格，自由之思想。所以每个人也要尊重周围所有的人，包括他们的思想和尊严。

亿万年进化过程赋予我们的大脑生来就具有的思考能力，且是自由思考的能力。思考的一个前提是大脑获得外来信息，这些外来信息包括亲历的大自然和周围社会发生的各种现象和事件，也包括通过语言和文字而由前人传授的各种知识和观念等。大脑通过其神奇的记忆功能将这些信息储存下来，再通过更加神奇的分析、归纳、整理、判断功能，得到各种外来信息中的联系，产生内在逻辑和规律的认知，从而形成思想。

然而每个人一生下来，就会从文化传统、时代理念、社会环境、家庭背景等各方面传承各种思想。这些思想很多是积极的、有价值的，但也可能带来各种思想的约束，使人不能真正自由地思考，从而得到正确的思想，或者使思想偏离客观真理。教育的伟大使命，正是让人们摆脱各种思想约束、环境限制以及僵化的心态和思维。通过科学的独立思考，认识真理，建立符合客观规律的世界观，个人可以走向广阔开放的人生空间。每个时代的成功者，都是能够超越思想"围墙"，真正自由思考并得到真理的人。

没有独立之人格，自由之思想，就不会有马克思的《资本论》与恩格斯的《自然辩证法》。

没有独立之人格，自由之思想，就不会有爱因斯坦提出相对论与达尔文提出进化论。

没有独立之人格，自由之思想，就不会有毛主席的《矛盾论》和《实践论》，以及他那些大气磅礴、意境深远的传世诗词。

每一位研究生都有与生俱来的独立思考的能力，也有自由思考的权利，社会也赋予研究生独立、自由思考的使命。社会建立研究生系统的一个初衷就是期待研究生在自己的研究领域中，通过独立思考产生创新的思想火花，产生前人未曾想到的灵感，促进人类对自然和社会真理的认识，进而促进人类社会的发展。

其实，从本质上说，每位研究生都可能产生别人不曾有的，或别人不具备的创新灵感和思维潜能。

我们每个人从生命孕育的那天起，所具备的遗传物质，即DNA就是各不相同的。DNA如同设计机器的蓝图，大自然给每个人设计的原本蓝图是不同的、唯一的。同时，我们每个人的大脑高级神经活动又各有不同，这是与人的大脑中亿万个神经元之间的连接方式和相关分子的集合性行为相关联的。由于成长过程、人生经历、所处地位、所处时代、所受教育、所感受过的喜怒哀乐、所经历的人生事件的不同，我们大脑中的神经元的连接方式和集合性行为，特别是与长期记忆相关的神经元的连接方式和集合性行为是各不相同的，对每个人来讲都是唯一的。[65]

这种每个人本质上的唯一性，带来每个人思想的独特性和不同的潜能性，而每个人思想的独特性和不同的潜能性同时也造就了人与人之间的平等性，即每个人的思想没有天生的高低贵贱之分。上述这种每个人的唯一性也许可以认为是"独立之人格，自由之思想"的生物科学基础。

每个人在服从社会道德和法律的前提下，在服从真理的前提下，不必受其他外部势力和潮流所胁迫。没有经过自己的独立思考，不必顺从于他人，即便是当时多数人的观点和思想。要有独立的判断力，不轻信传说与灌输的东西。每个人都有独立思考、判断真理的权利，有恪守自己的真理观和信仰的尊严。

如果人类没有新的思想、创新的灵感，没有对已有知识的怀疑，没有经过独立思考的判断，在怀疑中探索创新，人类的科学技术和思想就不能进步，人类的生产力就不可能继续提升，人类社会也就不能进一步发展。

当然,"独立之人格,自由之思想"并非要我们怀疑一切、脱离社会、特立独行,相反,每个人都是社会性的个人,是离不开社会的。马克思曾说:"只有在集体中,个人才能获得全面发展其才能的手段,也就是说,只有在集体中才可能有个人自由。"[66] 马克思还有一句名言:"人的本质不是单个人所固有的抽象物,在其现实性上,它是一切社会关系的总和。"[67] 因此每个人的思想可以与众不同,但个人与社会有着紧密联系,不可能脱离社会。

关于人类绚丽多彩的思想火花是如何从人类大脑千沟万壑的皮层中产生的,目前我们除了知道它和约 860 亿个神经元细胞与它们之间的数百万亿次突触沟通有关之外,其余的,哪怕是粗浅的神经生物学机制都还所知甚少。这是人类未来需要探索的最大自然奥秘之一。目前人类已经开始研究这一脑科学的终极问题,其推动力不仅是好奇,而且有助于人工智能研究,从而推动人类生产力和社会的发展。正如法国科学院院士、著名认知神经科学家斯坦尼斯拉斯·迪昂在他的著作《脑与意识:破解人类思维之迷》中所言:"我们会不会有一天用硅来模仿人脑的神经回路?我们也许可以制造出能够模拟真正的神经元进行意识操作的电子芯片。"[68] 但这一前景目前还处于科幻水平,要实现这一前景人类还有漫长的路要走。

2022 年 11 月,美国人工智能公司 OpenAI 发布了一款聊天机器人程序 ChatGPT。ChatGPT 是人工智能技术驱动的自然语言处理工具,它能够通过学习和理解人类的语言来进行对话,拥有语言理解和文本生成能力,还能根据聊天的上下文进行互动,真正像人类一样聊天交流,甚至能完成邮件、视频脚本、文案、代码、论文的撰写任务以及翻译等任务。这是人工智能领域的一大飞跃。虽然在利用存储于云上的海量数据方面，ChatGPT与人的大脑相比有较大优势，但是，ChatGPT还远不能像人类大脑一样思考。它只能利用人类已有的知识，尚不能产生创新的灵感和思维，因为创新的思维不仅需要知识，还需要每个人头脑中特殊的自传性记忆，以及以大脑万亿次级别的神经元之间的沟通能力为基础的好奇心、想象力和形象思维能力，而且通常还关联到人的哲学观、审美感和情怀。当然，研究生可以利用ChatGPT作为工具用于研究所需的信息查询和条理化，提高学习效率。但如果过分依赖、过分使用这一人工智能应用程序，且不加以人类特有的批判性思维，疏于在人类特有的好奇心驱动下的探索学习，则无异于"自废武功"。

我们现在关注的，我想和研究生在此讲讨论的是，人类怎样的思维方式是更有效的，怎样的思考才能解决问题，怎样的思考能产生有价值的灵感和思想火花。

其实每一位研究生都是有自己的思考能力和经验的。人的基本思考能力是与生俱来的，可以说，思考能力是大脑的存在方式之一。

普通人从童年开始就有相当高的思考能力，有的学前儿童就能问出带有科学内涵的问题，比如"地球悬在空中，为什么不会掉下去？"同时，从小学、中学到大学，很多课程都给我们进行了思维能力的训练，其中特别重要的是语文，因为思维是和语言关联的，没有语言和文字，思维基本是不可能的。另外，数学、物理、化学、生物等自然科学课程，都带给我们如何认知、如何辨别真理和谬误、如何不产生偏见的思维训练。我们在学习和生活中也思考过、解决过很多问题，积累有一定的思考经验和习惯。但为了进一步提高自己的思维能力，我们还可以通过选修或自学了解一门关于合理思维，研究思维的形式和规律的科学，即逻辑学。逻辑学告诉我们，全人类不同语言、不同民族的个体都有共同的思维形式、结构和规律。了解这些逻辑学知识对我们的思维肯定是有帮助的。

有一点是明确而有意义的，即有效思考的前提，是获得大量的、符合客观事实的、正确的信息。这种信息在大脑中储备越充分，越能产生有意义、有价值的思想。这也是为什么学习对我们如此重要。正是在这些大量的、真实的、正确的信息和知识的基础上，我们通过直观思维、逻辑思维、发散思维、收敛思维、想象思维与联想思维，找出这些信息之间的联系，并避开谬误和偏见，才产生出正确的思想。

然而，从事实和经验来看，很多令人惊叹的创新灵感，让人发聋振聩的深刻思想，并非按照某种思维定式产生的。伟大的思想不会如同"计划经济"一样批量产生，它们就像隐藏在神秘大脑海洋里的，如同莎士比亚戏剧中的小精灵一样，从一些杰出的思想者头脑中突然冒出来。因此，我们可以从很多成功的思想家、创新者、发明家、科学家那里得到启发。

成功的思想家、创新者似乎都是与众不同的人，他们看待事物、思考问题的思维逻辑，分析视角、领悟能力，甚至情怀都不同于常人。他们用独特的、创新的思维突破一般人的思维定式，用独特的眼光看待科学探索中出现的问题，提出独到的解决方案，在平凡的事物中发现非凡的价值，在直观的现象中发现背后隐匿的有重要意义的规律。思想家、创新者都是各不相同的，并无统一的定式，因此，在如何思考这个问题上，研究生们可以从阅读那些伟大的创新者、科学家、思想家、发明家的事迹和传记中吸取灵感和启发。

那么，什么时间是我们思考的最佳时间呢？

当然，当大脑清醒时，我们在任何时间都可以思考。任何安静的、没有干扰的、轻松的、手头不忙碌的时间，如林下散步，凉亭静坐，江边凝视远方，或在办公室立视窗外，抑或面对没有文字的电脑屏幕，甚至在嘈杂的候车厅，只要能静下心来，皆可以静默思考。

但有一个时间进行思考可能效率更高。

根据大脑神经生理学的研究，每天清晨，当我们结束高质量睡眠的时候，是大脑工作效率最高的时间。大脑的工作，伴随着消耗大量氧气和能量的神经化学反应，同时也会积累很多生物化学副产物和垃圾。睡眠的主要作用就是通过脑脊液的回流和血液的循环清除这些副产物和垃圾[69]，同时补充分泌在大脑工作中消耗的各种神经递质分子，使各个神经元内的各种生化物质以及因兴奋而改变的蛋白质构象恢复平衡。因此，在高质量睡眠后，大脑的神经元和神经回路将处于更灵敏、更易于兴奋、更高效的工作状态，神经元之间也更易于沟通。所以，睡醒后在床上休息的一段时间,也许是你思考各种问题,梳理近日学习和研究中的问题、学位论文中的难点,还有生活中的大事,甚至埋藏在心中的困惑,以及影响你今后人生的计划的好时光。当然也是你天马行空地产生各种联想和灵感,预期各种场景,甚至产生各种奇思妙想的好时光。

如果此时你突然产生某种顿悟,冒出某种灵感,发现某个思索多年的答案,或者产生做出某一行为的内心的冲动,那么,你应该立即从床上下来,把这些思想的火花立刻记在纸上。因为,有时候宝贵的思想火花仅会一闪而过,灵感的精灵可能只有瞬间的亮相。

思考的最终价值还是要将思考所得关联到行动上,把思想的火花与顿悟记下来写成文字是行动,把思考的结果付之于学习和研究的实践更是有意义的行动,把突发的灵感变为动手的尝试很可能是于将来有重要价值的行动。

思考会形成内在的心音,应该在行动中学会倾听自己的心音,让经过独立思考产生的心音来告诉你如何走。很多成功者的一个重要启示就是:倾听自己独立思考产生的内心的召唤。假如苹果公司创始人斯蒂夫·乔布斯不是倾听和坚持自己内心的召唤,就不会有iPad(平板电脑)与iPhone(智能手机)的发明。

让我们再回到本讲的前面。

每一位研究生与生俱来都有独立思考的能力，社会也赋予研究生独立、自由思考的使命，社会建立研究生系统的一个初衷就是期待研究生在自己的研究领域中，通过独立思考产生创新的思想火花，产生前人未曾想到的灵感，促进人类对自然和社会真理的认识，进而促进人类社会的发展。

尽管不是每一位研究生都会成为杰出的思想家或科学家，但每一位研究生仍然可以像那些杰出的思想家或科学家一样独立思考，对研究中面临的困惑与问题找到答案和解决方案，产生有价值的思想和创新的灵感。同时，独立思考使人获益终身。如果我们能一直保持独立之人格，进行自由之思想，产生内心的召唤并实践这种召唤，那么我们的人生将会更有价值，人类社会也将更加缤纷多彩。这不仅会使个人拥有更高的生活质量，还会给他人和社会带来更多的回报和贡献。

第十二讲　越过标杆：从学术论文到学位论文

尽早知道一些关于学位论文的要求——写作和发表期刊学术论文是重要的学术训练——要么发表，要么消亡——学术论文的写作——发表学术论文的道德规范——专业水平的标杆：学位论文——学位论文的写作——学位论文要"论"才成文——人生的重要里程碑

第十二讲　越过标杆：从学术论文到学位论文

学位论文是研究生3年（硕士）或5～6年（硕博连读）艰辛努力的结晶。完成答辩并正式提交的学位论文是由学术单位永久保存、传之后世的学术文献。完成学位论文并通过规范的答辩，表明研究生攻读学位的努力水到渠成。

学位论文是研究生自己立起的、表明达到某一学术水平的标杆，很可能是研究生此生最重要的作品之一。

对于刚刚踏进研究室的新入学研究生，似乎来日方长，应该不急于考虑有关学位论文的事情吧？

其实不然。

对这件研究生历程中最重要的事情早有所知、早有预备是很有帮助的。而且实际情况是，研究生从开始读研的第一天起，每一次学习（包括文献和实验技术的学习）、每一次研究实验、每一次组会交流、每一次与导师的交谈，都可能与最后的学位论文有关。所以尽早了解有关学位论文的一切，包括国家和学术单位对学位论文内容的要求，学位论文的格式和规范，什么样的结果能写入学位论文，什么样的学位论文能通过答辩，乃至导师对学位论文的要求和期待，高年级研究生的体会、经验和感受等，可能使你从一开始就未雨绸缪，有的放矢，会让你少走弯路，提高效率。

在我们具体讨论学位论文之前，让我们先谈一谈与研究生学位论文密切相关的、在学术期刊上发表的学术论文。因为一些大学的研究生院和某些科研院所的研究生管理部门有相应规定，即要求研究生在学位论文答辩前要有在研究领域相关的学术期刊上发表的学术论文，特别是对博士研究生，要求在国际SCI收录的杂志上发表一定质量或篇数的学术论文。其实大多数国外的大学对博士学位论文答辩的申请者也有同样的要求。

当然，任何事情都有两面性。要求研究生特别是博士研究生答辩前在高水平期刊（如SCI收录期刊）上发表论文，有时会对一项有重大创新意义的研究带来影响，因为这类研究可能要多年积累，即要多位研究生的接力研究才能完成。因此现在国内有些大学已放宽或取消研究生答辩前一定要有学术论文发表的规定。但对于研究生而言，写作和发表期刊学术论文是有重要意义的科研训练。

期刊学术论文与学位论文有紧密的联系，也有本质上的相似性，但也有较明显的不同。

学术论文通常是针对某个相对独立的选题或某个确定的科学问题展开的研究。学术论文的篇幅比较短，不少学术杂志对论文的篇幅有明确限制，但研究内容仍要求相对完整，特别要求有明确的创新性和学术意义。无论是国内还是国际学术期刊，通常都需要通过数位国内或国际同行的严格评阅，经反复修改后才能发表。在国际学术期刊上发表的论文一般都要求全英文写作。学术论文一经发表，即是向全世界公布，很快会为国际同行阅读，产生反响并可能被引用。从交流性上而言，要远强于学位论文。虽然学位论文答辩和呈交后也等同于发表，但一般只能通过学位授予单位、指定的学位论文收藏单位（如中国国家图书馆、中国科学院文献情报中心和国家哲学社会科学文献情报中心）与特定的学位论文检索工具［如《国际学位论文文摘》(Dissertation Abstracts International)］才能查阅。

在国际重要学术期刊上发表学术论文，几乎是所有研究生特别是博士研究生的追求和目标。研究生有发表论文的欲望是值得鼓励的。国外学术界的理念是"要么发表，要么消亡（To publish, or to perish）"，这句英文也有人译为"不发表，就出局"。这一发表理念其实也在一定程度上适合于研究生，特别是博士研究生。好的学术论文不仅是获得学位的需要，也是以后申请国内外博士后单位或向高校与科研院所应聘求职的条件，说得直白通俗一点，即应聘求职的敲门砖。在此我们再稍微详细地讨论一下在国际学术期刊上发表学术论文。

我们先来看学术界为什么如此重视学术论文。

没有信息交流就没有科学，而公开发表的学术论文，是科研信息交流的一种普遍被认同的主要形式。通过学术论文，人类的知识可以逐年积累，不断进步，因而学术论文甚至可视为人类文明的组成和发展源泉。

学术论文是表达学术研究成果最重要的方式之一，是科研工作和学术研究的总结和产物；学术论文是科学工作者为自己做的广告，可以让别人了解你的科学探索工作，也便于别人在你的成果基础上做进一步深入研究；经过严格评审并在重要学术杂志上发表的高创新性学术论文，也是论文作者具有一定学术水平的标志。

那么,研究生为完成学术论文的写作发表,要做哪些准备呢?

通过入学后的文献学习,你可以了解本领域的前沿,也同时了解了取得什么样的研究结果可以写成学术论文并发表,哪些关键数据和关键图表可以用来阐明一个科学问题。

在与导师确定研究目标和实验方案之后,要有这样一个意识,即每次进行一个实验,其结果是有可能被写入学术论文中的。这样一种发表意识会促使你重视每次实验结果的质量,如双向凝胶电泳图谱的清晰度、免疫印迹图谱的反差度、激光共聚焦照片的说明度、质谱分析图谱的分辨率和精确度、膜片钳电压抑制半有效量测定曲线的数据统计学处理等。没有这种意识,实验过程的随意性会使某一个实验反复做很多次也得不到一张可用的图谱。常有研究生到写作学术论文时才发现,最初得到的实验图谱质量很差,或数据统计学分析达不到要求,需要重新补做实验,因而浪费了很多时间和精力。好的原始实验图谱数据一定要做好备份,以免因丢失而在后期带来极大烦恼。

正如我在前面提到过的,实验原始记录是所有自然科学学术论文的基础和依据,没有实验原始记录就不可能有实验性学术论文。学术论文是实验原始记录中那些可靠的、可重现的、有规律的、可以被科学解释的和有重要价值的数据归纳,再经条理化、理论化以后形成的报告。

什么时候开始考虑写作和发表学术论文呢?

当你对所研究的科学问题与目标有了最重要的、可靠的研究成果，即可以开始酝酿一篇学术论文了。当全部必不可少的数据都已收集齐备，并能合乎科学逻辑地做出解释，对得出的有创新性的结论有不同实验路线的确证，或者说当你的实验结果在创新性、可靠性和相对完整性上都有较大把握时，就到了你与导师商量确定目标杂志，着手写作学术论文的时候了。当你和导师意识到该领域存在竞争，别人也可能获得同样的成果的时候，迅速果断地发表成果是特别重要的。归根结底，创新优先权理所当然地属于第一个发表某一重要成果的研究组。

学术论文的写作，对于研究生特别是博士研究生而言是一项十分重要的科研能力和素质训练。所以大多数情况下，学术论文的写作是由博士研究生执笔完成初稿，再由导师进行修改定稿，并经过几轮导师与研究生之间的反复推敲修改而最终定稿的。

关于怎样写作学术论文，包括发表在英文期刊上的学术论文，所在单位的图书馆或市面上有很多相关的系统性专著，在此不做详细讨论，但我想强调重要的几点。

在论文写作前，你头脑中应当明确将要写作的学术论文的核心信息是什么，即你想给你的研究领域同行表达的最主要研究成果是什么。为做到这一点，你可做这样的尝试：用笔写下这篇论文的 3 个左右的主要亮点，或者用笔写下一个稍许复杂的一句话，概括性地表达论文的核心内容，抑或尝试在一分钟内对研究室的老师或博士后讲述你的文章要表达的故事。如果你能明确地做到这些，那么你就可以开始考虑这篇学术论文的题目和它的基本框架了。

关于如何撰写一篇英文学术论文，研究生可以访问 San Francisco Edit 网站（San Francisco Edit 是美国一家为英文论文写作的修改润色提供收费服务的机构），其首页的 Newsletters 栏目中有一个较为系统的关于如何撰写学术论文的指南。[70] 该指南包括如何确定论文题目（title），如何撰写摘要（abstract）、引言（introduction）、材料和方法（materials and methods）、结果（results）、讨论（discussion）等，也包括如何选择目标杂志（selecting a journal），如何回答评阅人的意见（responding to reviewers），论文被拒绝的原因（reasons why manuscripts are rejected）等。对初学写作学术论文的研究生而言很有参考价值。

对于母语是中文的研究生，撰写英文学术论文从始至终都是一个学习的过程、模仿的过程。即便你英文课成绩优秀，但在写作学术论文时也仍需谦卑，不要自以为是地制造中文式英文。对自己按照中文内容译成英文的句子，要表示怀疑，不要太过自信。写作英文论文最起码的要求是正确表达，要让外国评阅人能读懂你的写作，要符合英文表达惯例，符合语法规则，用词要简单而必要。一个已被证明确有帮助的建议是，在手边放 3～5 篇与你的论文领域相同或相近的母语为英文的科学家写作的论文，作为你写作时的参照和模板，学习这些论文的句型和表达方式。但切记不要整段照搬，曾经有研究生这样做被投诉为抄袭。

另外一个很重要的问题是和谁一起发表论文，即论文作者的排序问题。

作者的排序不仅关系到荣誉，更重要的是责任。著名生物学家邹承鲁院士曾说过："只有对一篇科学论文从选题、设计、具体实验，一直到从中得到结论的全过程都有所了解，并确实对其中某一个或几个具体环节做出贡献的，才能当之无愧地在论文上署名为作者之一。"[71]

第一作者应是论文的主要贡献者，主要研究结果的发现者。通讯作者一般是课题负责人、研究生导师，其他作者按贡献大小排序。邹承鲁院士还说过："论文的第一作者可以是具体工作的主要执行者，有时也可以是整个工作的主要设计者。按照国际现在的习惯，在多作者署名的论文中，第一作者往往是承担主要实验工作的作者，很多情况下是某一研究室的研究生或博士后，而通讯作者通常是研究生导师或课题负责人，是在审稿人发现论文的问题时与之讨论的作者，因此是真正对论文全面负责的作者。"[71]一般第一作者或通讯作者是主要撰稿人，很多情况下由第一作者完成初稿，再由通讯作者修改把关后投送。一篇学术论文的作者排序由课题负责人与撰稿人商量确定，并需要征得作者名单中所有人的同意，未征得本人同意不得将某人列入作者名单。根据贡献，论文可以有并列第一作者，并在首页注明。由多个单位合作研究完成的学术论文的作者排序，应按照合作单位课题负责人事先达成的协议执行。邹承鲁院士还特别强调："论文成果只能属于实际完成这项成果，或主持这项工作的负责人所在的单位。"

关于发表学术论文的道德规范，国际学术界有约定俗成的统一认识。以下我想引用美国著名生物学家K.巴克在其《生物实验室管理手册》（*At the Helm: A Laboratory Navigator*）一书中概括性地提到的几点：

作者署名：每在作者栏里署上一个名字，他都应该能够代表这个人对该文章的发表做出的贡献。

数据：所有的实验数据都应该适当地重复几次。论文中应该注明该数据的重复性究竟有多高。这个问题不能一带而过，一定要说明清楚。

统计分析：如果对你论文中的数据统计学分析是否正确不甚了解，虽然不算是一种公然的欺骗，但很容易被认为是很不专业的表现。如果分析数据的方法不正确，往往就会得到不恰当的结论。

引用：如果有其他的杂志（比如某些不太出名的杂志）也出现了相似的研究性论文，那么这个时候，至少也应该恰当地加以引用。

竞争：害怕别人抢先报道发表论文，这种压力如果变成动力，可能有激励的作用。但不幸的是，对失败的惧怕，虽然有时有正面作用，但也会导致研究室成员急功近利使用虚假数据。

利益冲突：应公开研究的经费来源。很多杂志在考虑通过公布研究经费来源的方式来避免可能发生的利益冲突。[72]

以上有关学术论文的作者署名、学术论文道德规范的这些学术界约定俗成的规矩，研究生是必须了解的。

总之，学术论文的写作、投送、回修和发表是研究生最重要的经历，也是最重要的学术研究能力的训练。写作过程和论文风格没有千篇一律的指南，不同领域、不同学科、不同研究室都有较大差别。对于初次学习写作和发表学术论文的研究生来说，多听从导师的指导和意见是很重要的。

下面我们再回到学位论文的写作上,在此重点讨论博士学位论文。其实在自然科学领域,硕士学位论文与博士学位论文并无本质上的天壤之别,虽然在创新性的程度上,在解决某一科学问题的系统性上,在研究的深度和广度上,对博士学位论文的要求更高,但在论文的结构与形式上并无明显差别。有的硕士学位论文的科学价值和意义,并不低于甚至可能超过一般的博士学位论文,且这种情况并不十分罕见。

学位论文(thesis, dissertation)的简要定义是:作者提交的用于其获得学位的文献。

中国国家标准化管理委员会发布的《学位论文编写规则》中提到,学位论文的基本要求是:博士学位论文表明作者在本门学科上掌握了坚实宽广的基础理论和系统深入的专门知识,在科学和专门技术上做出了创造性的成果,并具有独立从事创新科学研究工作或独立承担专门技术开发工作的能力。硕士学位论文表明作者在本门学科上掌握了坚实的基础理论和系统的专业知识,对所研究课题有新的见解,并具有从事科学研究工作或独立承担专门技术工作的能力。[73]

学位论文的目的,在于表明攻读学位的人完成了一项比较大的独立研究,并有能力用书面形式表达出来,且达到了该领域专业水平。写作学位论文和通过答辩是科学工作者学术生涯中的重要里程碑。

尽管学位论文是在导师指导下完成的,甚至连题目都通常是由导师指定的,但学位论文完全是作者自己的作品,作者要对其中的每一个思想和每一个词负责。

学位论文除了有报告作者已取得的研究成果并与同行进行

交流的作用外（学位论文的内容可以在学术期刊上公开发表），更重要的作用是证明一个人的学术专长。

与在学术期刊上发表的学术论文相比，学位论文包含的内容更多，篇幅更长，可以包括相互有联系的几篇学术论文的工作和研究结果，通常还包括与该选题相关的综述、中英文简介、已发表论文清单、简缩语说明、原创性声明、致谢、附件等具体内容，一般没有篇幅和参考文献数目的限制。但在创新性和学术价值上与学术论文有同样的要求，要经过数位国内外同行的评议才能进入答辩。经过答辩委员会委员的无记名投票后，经大多数委员的同意才能通过。

学位论文的核心是用可靠的实验数据和严密的逻辑推理去论证一个具有创新性见解的主题，或者报告一个前人未涉足的领域里的新发现。

我在波士顿大学化学系做博士后研究时，曾了解到美国化学类博士完成学位论文的时间分配大约是：选题与文献调研的时间、科学实验的时间、学位论文写作的时间分别为 10%、80%、10%（按攻读博士学位总时间为 5 年计，则上述时间分别为半年、4 年、半年）。

学位论文的写作尽管在内容上不同学科、不同研究生各不相同。但国家有确定的学位论文编写格式和规范。中国国家标准化管理委员会于 2006 年 12 月 5 日发布了《学位论文编写规则》国家标准，编号为 GB/T 7713.1—2006，并于 2007 年 5 月 1 日正式执行。[73]

该文件规定了学位论文的撰写格式和规范。对学位论文的学位级别、学科类别、研究方向、培养单位、作者和导师的表述，以及参考文献的格式等都有规范的要求。

例如在写作规范上有以下明确规定：

"学位论文题名以简明的词语恰当、准确地反映论文最重要的特定内容（一般不超过25字），应中英文对照。题名通常由名词性短语构成，应尽量避免使用不常用缩略词、首字母缩写字、字符、代号和公式等。如题名内容层次很多，难以简化时，可采用题名和副题名相结合的方法，其中副题名起补充、阐明题名的作用。

"学位论文一般应采用国家正式公布实施的简化汉字。学位论文一般以中文或英文为主撰写，特殊情况时，应有详细的中、英文摘要，正题名必须包括中英文。

"学位论文中采用的术语、符号、代号在全文中必须统一，并符合规范化的要求。论文中使用专业术语、缩略词应在首次出现时加以注释。外文专业术语、缩略词，应在首次出现的译文后用圆括号注明原词语全称。

"学位论文的内容应完整、准确。

"学位论文应采用国家法定的计量单位。

"学位论文的插图、照片应完整清晰。

"学位论文应用A4标准纸（210 mm×297 mm），必须是打印件、印刷件或复印件。"

博士学位论文除了上述提到的国家总的要求和写作规范外，从选题、科学实验，到学位论文写作，再到最后通过答辩，不同学科、不同导师、不同研究室并没有千篇一律的过程。但有一些重要环节需要在此提请研究生注意。

论文选题是重要的起点，我们在前面几讲中已提到这个环节。虽然在选题上导师的建议和意见非常重要，但研究生自己参与选题的过程也十分有意义。要自己体验参与"独上高楼，望尽天涯路"的学术过程，与导师一道选择有价值、有创新，同时具备探索条件，有可能获得结果的科学问题。

前面曾提到完成几篇重要的期刊学术论文，既是获得学位的要求，也是撰写博士学位论文的最好基础。将几篇学术上相互联系的学术论文，作为学位论文的章节组合起来，便可成为一篇学位论文的主体。从这一点上说，关注学术论文的写作和发表意义的确重要，完成几篇学术论文的工作，基本上可以使学位论文顺理成章。

学位论文的写作是研究生辛辛苦苦三年或五年努力的最后冲刺，虽然还有最后一个答辩环节，但手握一本较高水平的能得到导师和同行专家认可的学位论文，通过答辩通常是水到渠成的。好的学位论文写作，绝非轻而易举，前提条件当然是有实实在在的、有意义的、创新性的研究结果，然后便是写作上的认真和下足功夫。从提纲到完成初稿，最好集中时间和精力，哪怕废寝忘餐一气呵成。然后花较长时间修改、打磨，且多次重复这一过程，直到自己基本找不到应该再修改之处时，则可打印出一份请研究室的同学、博士后或老师过目，利用别人的眼光找论文中的问题。最后再次修改后交给导师审阅。如同大多数写作一样，学位论文的写作不必刻意追求"完美"，努力做到"足够好"即可为完成。当然，"足够好"也是无止境的，如果时间充裕，总是可以达到"更好"。

另外值得强调的一点是，学位论文要"论"才成文，才能体现出作者自己的思想。虽然对于理学学位论文，科学问题、研究路线和研究结果，特别是创新的发现是核心内容，但最能反映出作者知识的深度和广度，特别是思维分析能力的部分是论文的讨论部分。常看到一些学位论文在讨论部分非常简短，基本上是把研究结果和结论复述一遍，即便研究结果很不错，也很难被认为是一篇好的学位论文，因为看不出作者的思考过程和深度。讨论部分最重要的是反映作者对自己研究结果的思考，论述该研究结果的意义、价值、可靠性和存在的问题，以及引申的意义和进一步研究的设想。讨论部分要展现研究生的思维能力、分析问题的能力和想象力，同时也体现出研究生的科学素质。

细节决定成败，学位论文的写作要严格符合上述国家标准提到的规范性要求。同时应注意语言文字（包括英文摘要）的正确与合规，不要因为语言文字和写作规范上的低级错误太多而给评阅人留下不认真的印象，造成论文不能通过评阅和答辩。即便通过答辩，也不要在将来学位委员会对学位论文进行抽查时，留下出问题的隐患。

事实上，很多人一生中最好的、最重要的作品，至少为最好的、最重要的作品之一，可能就是硕士学位论文或博士学位论文了。因为除非你将来成为专职的研究员，否则之后的岁月里很难再有三年或五年的时间，可以将几乎全部的时间和精力都沉浸在一个课题里反复探究与耕耘。所以一本学位论文成为很多研究生一生中最重要的著作也就不足为怪了。

学位论文的完成与通过答辩，并最终获得学位，是研究生数年孜孜求学付出的心血的回报，是人生道路上越过的一个标杆。无论过程多么艰辛曲折，你终将体验到那两句不朽诗句"雄关漫道真如铁，而今迈步从头越"。此时，你的感受从每次实验完成的快乐感升华成幸福感。幸福感是更高层次认知上的满足，即对眼下发生的行为和事件通过大脑前额叶皮层，认知到对未来或全局的重要意义，从而产生的有较长时间的愉悦和满足。[65]

我想在此处转述之前提到过的于2022年发表在《自然》杂志上的关于研究生的调查报告中引用的研究生的话，他们都是刚完成学位论文即将毕业的研究生。其中一位美国研究生说："读博是一场疯狂而有趣、疲惫但值得、痛苦又刺激的冒险，既催人精进学术，也催人成长成熟。无论是读博中还是读博后，读博历程都会让你改变以前的兴趣、人生规划和心态。"另一位曾遭遇挫折且曾担心读博是自己人生中错误的决定的研究生说："回头看来，这是我朝正确方向迈进的一段漫长而艰难的旅途，我非常幸运。"[1]

我在本书第一讲提出，研究生经历是一场"艰辛而幸福的修行"，上述两位美国研究生所言的"疯狂而有趣、疲惫但值得、痛苦又刺激的冒险"以及最终感到"非常幸运"的"漫长而艰难的旅途"，这种完成学位论文之后发自内心的感受，也许可以视为"艰辛而幸福的修行"的具体诠释。

第十三讲　回报社会与自身发展完善

　　人类的社会性本能——硕士或博士学位得益于社会——应该有一种回报社会的使命感——在回报社会中促进自身发展——杨振宁：天花板级的典范——苔花如米小，也学牡丹开——三位毕业研究生的努力——平凡岗位上的使命感——马克思的名言

在人类的本性中,有一种非常重要且具有积极意义的本性,那就是人的社会性。人类是一种高度社会性的物种,这是千万年进化过程形成的人类天性。

人类在进化上离动物越远,个人对社会的依赖就越大。个人的生存状态很大程度上是由社会决定的,个人追求的目标和幸福离不开社会。

达尔文在他的伟大著作《人类的由来》中说:"人是一种社会性的动物。不说别的,单说他不喜欢过孤独的生活,而喜欢生活在比他自己的家庭更大的群体之中,就使我们看到了这一点……人的一些社会性本能,来源必然很早,早到他的原始的时代,甚至追溯到和猿猴难于分辨的远祖的时代,但直到今天还在对他的一些最好的行为提供动力。"[74] 达尔文所说的为"最好的行为"提供动力的人的社会性本能,应包括社会成员间的共情、关爱、帮助和合作,以及个人为集体和社会做出贡献。

研究生教育是人类社会根据发展需要构建的一个含有学术研究的教育系统,某一位青年人成为研究生不仅是个人的努力,更是社会的选择和安排。因此,每一位研究生获得学位,成为硕士或博士,得益于社会,也应服务于社会,因为人类最初建立这个系统的目的就是为了有利于人类社会的发展。

因此，当你戴上硕士帽或博士帽，在内心感到幸福的同时，也应该有一种回报社会的使命感。获得硕士或博士学位仅仅是一个新的开始，一个迈向新的人生旅程的起点。还应通过投入社会，回报社会，使自己获得进一步的发展和完善，开拓出人生未来的道路，以此获得亚里士多德所言的"成就自我"的人生幸福。

中华民族经历数千年的成长发展，能有今天的盛景是因为我们的先人一直在弘扬一个理念：天下兴亡，匹夫有责。作为中华民族的后代，我们每一位研究生都应当有"天下""国家"和"社会"的理念。

马克思有一句为科学与学术界广为传播的名言："科学绝不是一种自私自利的享乐，有幸能够致力于科学研究的人，首先应该拿自己的学识为人类服务。"他还说过："人只有为自己同时代人的完善，为他们的幸福而工作，他才能达到自身的完善。"

用自己的学识为人类服务，为自己同时代人的幸福而工作，这是一种人生观，也是研究生和所有科学工作者修行的最高境界。拥有这种人生观也会因此得到自身的完善，自己生活的愉悦与幸福。

国内外，历史上，无数杰出的研究生，硕士、博士学位获得者，为科学技术的发展，人类的福祉和人类社会的进步做出了贡献。

在2000—2022年获得诺贝尔化学奖的57位获奖者中，有53人有研究生经历，其中52人获得博士学位，1人获得硕士学位。在2000—2022年获得诺贝尔生理学或医学奖的54位获奖者中，有研究生经历的有 51 位，其中 48 位是博士学位获得者，3 位是硕士学位获得者。这些为人类的科学技术、人类的福祉和人类社会的发展做出伟大贡献的成就者，可以说是经历了研究生培养过程的人中顶级的杰出人物，是回报社会的天花板级人物，他们应都有极高的探索自然奥秘的志趣和回报社会的使命感与情怀。

在此，我想很简要地提及诺贝尔奖获得者杨振宁的事迹。他不仅是当代最伟大的科学家之一，也是极具使命感和回报社会情怀的科学家之一。

杨振宁 1942 年在抗日战争的烽火中毕业于一所极其特殊且永载史册的中国大学——西南联合大学。1942—1944 年他作为研究生进入清华大学研究院，并获得硕士学位，其导师是著名物理学家王竹溪教授。1945 年赴美留学，成为芝加哥大学博士研究生，导师是国际知名物理学家爱德华·泰勒教授。1948 年，他获得芝加哥大学哲学博士学位。1949 年，杨振宁进入普林斯顿高等研究院进行博士后研究工作，开始同李政道合作。1957 年，杨振宁与李政道因共同提出宇称不守恒理论而获得诺贝尔物理学奖。杨振宁以曾经接受中国文化的熏陶而自豪，在接受诺贝尔奖的时候，他在致辞中说："我深深察觉到一桩事实：在广义上说，我是中华文化和西方文化的产物，既是双方和谐的产物，又是双方冲突的产物，我愿意说我既以我的中国传统为骄傲，同样的，我又专心致力于现代科学。"

杨振宁的四个重要学术贡献：规范场理论、宇称不守恒理论和他在统计力学、高温超导方面的成就，使他成为当代公认的最伟大的物理学家之一。他是一位兼具天才禀赋，谦抑修为的世界级人物，而他更让世人，特别是我们中国人钦佩的是他回报祖国的使命感和情怀。

1971年夏，离开中国26年的杨振宁首次回中国访问，是美籍知名学者访问新中国的第一人。周恩来总理接见了他，杨振宁也从此开启了他回报祖国的半个多世纪的活动和业绩。此后，他几乎每一年都回中国。1973年回国时，毛主席在中南海接见了他，并与他畅谈了一个半小时。

1971年回美国后，他认为正面报道中国在各方面的发展是他的义务。由于他在学术上的地位，他作的关于中国情况的报告，对美国人尤其是当地华侨产生了很大的影响。

1974年，杨振宁利用回上海探亲的机会，开始了与复旦大学谷超豪等十几位教师长达数年的富有成果的合作，并推动了美国纽约州立大学石溪分校同复旦大学签订交流协议。

1975年，杨振宁向周恩来建议加强科普工作，并建议引进《科学美国人》中文版版权。在邓小平等领导的关心下，这本刊物进入中国，成为改革开放后我国的第一本版权合作期刊。

1977年，杨振宁等人在波士顿创办了"全美华人协会"，杨振宁任会长，以期促进中美关系。同年，他以该协会负责人的身份与他人共同发起成立了"全美华人促进美中邦交正常化委员会"，自费8000美元在《纽约时报》上整版刊登《致美国卡特总统公开信》及其他文章，敦促两国建交。

1979年初，邓小平访美，与美国总统卡特签约建交，杨振宁代表全美华人协会和全美各界华人在欢迎邓小平夫妇的宴会上致辞。

1981年，杨振宁在美国纽约州立大学石溪分校设立了CEEC（中国学者访问项目）奖金，从美国多地和中国香港募集资金，专门支持中国各大学、各研究所人员到石溪做访问学者。

到20世纪90年代初,共有80余名中国学者得到此奖金支持,成功赴美,其中绝大部分学者均按时回国到原单位服务。

1995年,中国国家科学技术委员会首次颁发中华人民共和国国际科学技术合作奖,杨振宁受此殊荣。该奖旨在奖励为中国科学技术事业做出杰出贡献的国际友人。

2000年在南京大学进行学术访问的杨振宁,捐资在该校设立"杨振宁奖学金",以奖励具有创新能力和科研能力,但是家境贫寒的优秀本科生。

2003年年底,杨振宁回中国清华大学定居,从此往返于北京和香港之间。2004年9月13日,81岁的杨振宁在清华大学开始为本科生讲授普通物理课程。他说:"现在很多教授不愿意给本科生上课,但我觉得,给本科生上课很重要。我也希望我能够带动更多的人。"他还说:"每一次课前,我要花两个小时认真备课。我要了解学生的进度。"

2015年4月1日,杨振宁放弃美国国籍,成为中国公民,并正式成为中国科学院院士。

杨振宁的报国情怀和使命感,充分体现在他于2003年写的一首五言古风《归根》[75]中:

昔负千寻质,高临九仞峰。

深究对称意,胆识云霄冲。

神州新天换,故园使命重。

学子凌云志,我当指路松。

千古三旋律,循循谈笑中。

耄耋新事业,东篱归根翁。

可以说，杨振宁是马克思所说的"拿自己的学识为人类服务""为自己同时代人的完善，为他们的幸福而工作，达到自身的完善"的典范，也是研究生具有使命感和回报社会、回报祖国情怀的楷模。

当然，对于普通研究生，也许我们只能对杨振宁等杰出科学家的成就和业绩做望尘莫及的仰望。但他们的精神和情怀是可以学习的，正如一首古诗《苔》所言："苔花如米小，也学牡丹开。"我们每一个研究生，尽管水平普通而平凡，但也可以有人类使命感和回报社会的情怀，并在为此努力中获得自身的发展、完善和幸福。

人类使命感和回报社会的情怀说起来、听起来都很"高大上"，真正行动起来，体现在平常的工作中也是很不容易的。但是，我回顾过去30多年我们研究室毕业的研究生中，确实有不少研究生用默默的行动实践了马克思的话，用具体行为体现出使命感，并在努力为社会工作中得到自身的发展。

我想在此简要地介绍我们研究室的3位博士学位获得者。在此讲介绍他们并非因其做出了很辉煌的业绩，而是他们在各自的岗位上表现出回报社会的使命感，展现了突出的敬业精神和创业精神。

张丽军博士在读研期间就是一位十分出类拔萃的硕博连读研究生，不仅善于思考、勤奋努力，而且有很高的情商。她在同年级研究生中年龄稍长，被同学们尊称为"大姐"。她的研究工作效率也十分突出，是我们研究室细胞质膜蛋白质组学方法学的主要探索者。她的博士学位论文成果先后以第一作者在 Proteomics、Journal of Proteome Research 等杂志上发表 5 篇 SCI 收录论文，其博士学位论文也被评为湖南省优秀博士学位论文。

张丽军 2006 年毕业后就职于上海市公共卫生临床中心，这是一所著名的三级甲等传染病专科医院。张丽军的工作主要是开展临床相关药物的基础研究，特别是参与创建 I 期临床实验室。在她的组织和同事们的共同努力下，该实验室获得了原国家食品药品监督管理总局（CFDA）颁发的 I 期临床试验资格证，并通过了 ISO17025 认证。到 2022 年为止，她作为主要研究者与协作研究者参与完成的 I 期临床试验共 300 多项，而她也因出色的工作能力而成为实验室主任。

药物的临床试验是对药物的开发应用极为重要的科学实验，直接关系人民的疾病医治与健康，国家对此有极其严格的规定和要求，要求从业者要有极高的科学素质和一丝不苟的敬业精神。

在这次严重的新冠病毒感染疫情中，张丽军以身作则，带领团队做出了重要贡献。抗疫期间，作为定点接受新冠病毒感染患者的单位，张丽军领导的团队承担了上海市公共卫生临床中心所有患者的治疗药物监测任务，先后开发了万古霉素、伏立康唑、他克莫司、地高辛、奈玛特韦、羟氯喹、维生素 C 等 30 来种药物的血药浓度检测方法，测定了多种用于新冠病毒感染患者治疗的药物的安全性、合理用药量和代谢途径等方面的数据。截止到 2023 年 1 月，该治疗药物监测团队已为 300 多例新冠病毒感染患者提供了约 1000 份样本的检测服务，协助临床团队为新冠病毒感染患者制定了高质量的个体化治疗方案。为了测定新冠病毒感染患者所用药物的浓度，张丽军曾隔离在应急病房夜以继日地工作达100多天，付出了艰辛的努力，为抗疫工作做出了重要贡献。

疫情防控期间，无数医务工作者默默地做出了巨大的贡献，为中国的抗疫工作交出了一份人民满意的答卷。张丽军也在其平凡但敬业的工作中，获得自身水平和能力的提升，感受到为社会服务的愉悦和成就感。

第二位我要介绍的是前进在创业路上的行者朱奇博士。

朱奇1999年获湖南师范大学生物化学硕士学位，2003年获北京大学生物化学与分子生物学博士学位。在近8年的研究生历程中，他探究了多肽神经毒素从天然纯化到化学合成、复变性机制、生物学功能，再到三维结构与功能关系的完整故事，同时也培养了较为系统全面的科学及研发思维能力。

2003—2007年朱奇在美国休斯敦大学化学系进行博士后研究，接触到当时非常前沿的光敏原位DNA及多肽硅芯片合成技术。当时人类全基因组测序的完成让基因芯片的应用成为可能，他全力投入这项技术的学习中并加入了自己的创新。其后，他加入位于休斯敦德州医学中心的LC Sciences公司从事技术研发工作，任公司研发部副主任、高级科学家。他的工作从基础技术研究方向转到了将合成的基因芯片应用到临床医学研究领域。基因芯片结合当年最新的NGS二代测序平台，将捕获和检测与疾病相关的DNA变异技术转化成临床应用成为可能，具有很好的医学应用前景。

在国外期间他一直关注国内生物医学的发展，心中一直抱有为祖国做出贡献的愿望。2014年前后，他多次回国调研，认为国内已经具备和美国一样的临床转化研究条件，并且在国家对高新技术的支持以及临床应用推广上国内更有优势。经过仔细思考和一些良师益友的指导帮助，朱奇在2015年5月回国，在广州创立了广州奇辉生物科技有限公司（以下简称"奇辉生物"）。

现在的奇辉生物作为高新技术企业，得到了政府的扶持和鼓励，朱奇本人则获得了广州市开发区创业领军人才、广州市开发区优秀人才等荣誉，他创立的公司连续两届荣获粤港澳大湾区生物科技创新企业50强称号。公司项目总体融资达5000多万元，建成面积2300平方米，包含研发实验室和cGMP体外诊断试剂生产车间，共拥有员工30多名，研发人员均为硕士研究生以上学历人才。

奇辉生物自主开发基因检测系列产品44款，已申请13项发明专利并已获7项授权，拥有实用新型专利及软件著作权18项。技术平台涵盖多重PCR捕获建库测序技术和升级迭代，以及多重荧光定量PCR、基因芯片等创新临床诊断技术，公司提供的产品和服务包括肿瘤早筛早诊，遗传病、慢性病、健康管理等临床体外诊断试剂，cGMP标准生产服务，生物信息学分析解读等。奇辉生物拥有前沿基因检测自主研发技术，致力于生物医药、临床检测试剂的自主创新和国产化，凭借高效低成本的产业优势，通过生物高新技术的临床转化和普惠可及，为我国实现以人民健康为中心的"健康中国"伟大目标贡献了一份力量。尽管前路崎岖坎坷，但我相信朱奇博士与他的创业团队会有实现梦想的一天。

第三位我要介绍的有社会责任和使命感的是霍林巨博士。他现在是湖南甲骨文生物医药有限公司、江苏好上医生物医药有限公司的创始人兼董事长。

在湖南师范大学攻读博士研究生时，霍林巨就不仅是埋头做自己的学位论文实验，而且展现出较宽广的视野，有社会胸怀。他是毛泽东主席的崇拜者，至今微信名依然是"二十八画生"，青年毛泽东创建新民学会的实践和对社会的促进始终萦回在他的脑间。

研究生期间，他于2008年开始筹建"达人学社"。当时的初衷是想解决做实验时遇到的一些知识问题和实验技术困难，通过这样一个学社组织来交流知识和技术，你教别人一个知识技能，别人作为回报也教你一些知识和实验技能。达人学社于2010年1月正式成立，霍林巨为首任社长，我有幸出席成立大会并致辞。学社最初成员是湖南师范大学、湖南大学和中南大学生物医学类的研究生。现在学社会员已达5000人，并于2013年在清华大学、北京大学创建分社，吸纳两校会员200余人。截至2022年，达人学社线上活动参与者已超过30万人次，覆盖国内100多所高校。达人学社对外的简介是：由中国一流高校的大学生、研究生、留学生以及来自世界各地的海归青年和有志青年于2010年创办的平台，理念是"达人达己，达己达人"，达人学社专注于科学研究、知识普及、创新创业，加入我们，改变世界！

霍林巨在博士研究生毕业后，在其研究生期间积累的广博的生物化学和分子生物学知识基础上，走上了创业的道路。

他首先创建了湖南甲骨文生物医药有限公司，从简单做起，从医学检验服务做起，研发了高灵敏度ELISA检测试剂盒，

DNA和RNA单柱、双柱与酶法提取试剂盒，以及肿瘤液体活检CTC富集与提取试剂盒等，并全部成功进行了产业化。其后，该公司研发了基于高精度微流控技术的快速产前诊断、癌症诊断智能仪器，及其配套检测芯片、诊断试剂，并实现了商业化。后来他把医药产品和服务业务扩展到有技术和人才优势的江苏省，创建了江苏好上医生物医药有限公司。

霍林巨创办的企业现已建成研发生产场地2600多平方米，拥有员工50余人，为社会解决了一批年轻本科生与研究生的就业问题。公司正处在快速成长阶段，但未来依然面临很多艰难的挑战。

霍林巨本人也被聘为湖南工业大学客座教授，同时获湖南省青年英才、长沙市最美青年企业家、湖南省湘江新区产业教授、江苏省高级引进人才、苏州市创业领军人才等荣誉。

对于创业者来说，出发并不等于到达，但出发更重要，因为只有出发才可能到达。对霍林巨这样的刚出发的年轻创业者，需要勇气，需要智慧，需要凝聚力，需要毅力和预见力。未来的挑战是艰巨的，但为社会服务的使命感和不懈的努力，也包括过程中的失败和曲折，将成就一个人与众不同的人生。

上述三位毕业的博士研究生，是有回报社会之心的研究生中较为典型的代表。尽管他们现在的成就谈不上辉煌，但仍然都是奋斗在征途上的行者，正如一位著名诗人所言："不去想是否能够成功，既然选择了远方，便只顾风雨兼程。"[76]天道酬勤，相信他们将为社会做出更大贡献，并感受到奋斗人生的幸福。

我需要指出的是，每一位获得学位的研究生，其人生道路是各不相同的。回报社会不一定要轰轰烈烈地干出一番事业，不一定要成为科研团队的负责人，也不一定要成功创办企业，马克思所说的"拿自己的学识为人类服务"可以有多种多样的方式。

研究生毕业后在平凡的岗位上尽责尽职，当好一名老师，即便是中学老师；当好一名导师，即便是本科生与硕士生导师；向社会宣扬科学真理与知识，即便是一名普通的科普工作者，同样都是"拿自己的学识为人类服务"。如果有机会出色地完成一项国家自然科学基金项目，获得一项国家发明专利，在一个科研攻关团队里出色地完成承担的任务，都是很好的回报社会，都可以促进自身的发展和完善。

让我回到本讲的开头，人类是一种高度社会性的物种，社会性本能是千万年进化过程形成的人类天性，人类的成功是集体的成功、社会的成功。毕业的研究生无论是硕士还是博士，都是社会的精英，更应该有"天下兴亡，匹夫有责"的理念和情怀，有为国家为社会做出贡献的使命感，有回报社会的实际行动，即便是在非常平常的岗位上。

同时，每一位成功获得学位的研究生也会因回报社会的实际行动而得到成就自我的幸福感。

研究生阶段是每位研究生人生的关键阶段，因为它通常是研究生选择终生职业的过渡阶段。今后，研究生们的未来人生将有各种可能，他们可能成为中学或大学的教师、科研院所的研究员、企业创始人、技术专家、科普作家、社会最新行业就业者、管理者、国家公务员,甚至政治家等。

我想以马克思的一句名言作为本讲的结束语。

"在选择职业时,我们应该遵循的主要指针是人类的幸福和我们自身的完美。"[77]

结　语

每个人头脑里都有过各种思想的流淌。把某些思想付诸笔端，与他人交流，是很多人内心的一种召唤。

我把自己读研究生、做研究生导师的一些体会写成此书，并不是认为其中有什么了不起的独到之见，而是以为其中某些体会和观点可能对新入学的研究生有所启发和帮助，因而也是源自内心的一种召唤。

从这样一种内心的召唤出发，我希望研究生朋友阅读此书时所感受到的，是一位师兄或朋友推心置腹的交流，而不是一位长者自鸣得意的说教。而且我以为，书中所言，很多是学术界已有的共识，也许视为一位过来人对新入学研究生的告知与提醒更为恰当。

在本书第一讲中我提到，研究生经历是艰辛而幸福的修行。研究生在艰辛的学习和研究中提升自我，感受到探索和发现的快乐，也为未来的人生发展奠定基础。从个人的角度而言，研究生过程是成就自我的一段人生经历。成就自我，做最好的自己，是很多哲学家和心理学家认为值得追求的幸福感受，而对幸福的追求是人的一种本性。

在本书的最后一讲中我提到，研究生教育是人类为了社会的发展和福祉而设立的系统，目的是为了提升人类对自然的真理和规律的探索能力，推动科学的进步，从而增进全社会的福祉。某位年轻人成为研究生不仅是自己的努力，也是社会的选择和安排，并赋予其回报社会、为社会做出贡献的使命。

因此，我以为，与研究生教育系统相关的所有人，包括每一位研究生、研究生导师、研究生教育管理者，都既要有人的本性的视角，也应有一个社会、民族与国家的视角。

在此，我想提及一本对今天仍有巨大影响的，由美国罗斯福总统的科技顾问、美国著名科学家范内瓦·布什与拉什·D.霍尔特在70多年前写的《科学：无尽的前沿》(*Science：The Endless Frontier*)。这是在第二次世界大战结束的关键时刻，范内瓦·布什与拉什·D.霍尔特按照罗斯福总统的要求写的美国科学政策的开山之作，有人称之为"美国科学政策的圣经"，因其在很大程度上促成了美国科学技术自第二次世界大战以来的世界领先地位。

书中特别提到了科技人才的培养，引用了当时哈佛大学校长柯南特的话："在所有可以使用'科学'一词的领域，人都是唯一限制因素……所以归根结底，这个国家科学的未来取决于我们的基本教育制度。"[78]

在《科学：无尽的前沿》一书中作者多次建议："政府应提供数量合理的研究生奖学金。"书中还特别强调基础研究的重要性，说："基础科学的特征之一是它能开辟出多种引发进步成果的途径……基础研究会带来新知识，是所有实际知识应用的源头活水。"同时，书中也强调："研究自由必须得到保障。广泛的科学进步源于学者的思想自由及研究自由，他们理应在好奇心的驱动下探索未知，自主选择研究方向。"[78]为此，书中建议政府对基础研究提供研究基金，而美国的研究基金中有相当一部分被用于科学家招募研究生。这也是第二次世界大战后美国吸引全世界众多的优秀青年（包括杨振宁在内的很多中国青年）赴美攻读研究生的原因。此举也是美国科技领先世界，不仅产生第二次世界大战后最多的诺贝尔奖获得者，还产生众多原创技术的关键因素。

他山之石，可以攻玉。

同样处于发展的关键时刻，我们中华民族伟大复兴特别需要科学技术的发展和创新，因而需要培养大量高水平的青年科技人才，研究生教育则是一个十分重要的关键环节。因此，为了国家科技创新能力的发展，我国未来将有无数年轻人通过自己的努力和国家的选择成为研究生，进入科学这个"无尽的前沿"。研究生，特别是博士研究生，几乎都是目前在科研第一线冲锋陷阵的主力，很多人也将成为10年、20年后的领军人才，研究生教育的重要性不言而喻。研究生导师、研究生教育管理者和政策制定者如何给予研究生人性的关怀和帮助，如何建立科学、生动、激励人的探索氛围，如何建立有利于原始创新的生态环境是非常值得考虑和研究的。

如同其他教育体系一样，研究生教育有其带有普遍性的要求与程序，研究生历程也有其带有普遍性的内涵和理念，这也是我写作本书的出发点。但需要强调的是，每位研究生的经历都是各不相同的，每位研究生所在的学术领域、所进行的研究实践、所看到的学术风景、所接触的人与氛围、读研过程包括个人生活中出现的问题，以及自我的感受和内心的体会都是各不相同的。因此，研究生历程没有千篇一律的定式，研究生理念也没有千人一面的定式。每位研究生应当从自己的经历和故事中思考、分析、归纳，获得属于自己的工作与生活的理念。

我在本书中提到，每位研究生应当谦虚地向他人学习，特别是向杰出者和成功者学习，这是有重要意义的。但更为重要的是，要准备经历不同于他人的独特历程，每位研究生都不必简单地效仿、追随他人。每位研究生应当独立思考，并追随经独立思考产生的自己内心的激情和召唤，敢于走出一条与众不同的自己的道路。

最后，让我回到本书第一讲的开头，我想再次对各位研究生说，无论从哪一个角度而言，你当初做出报考研究生的决定，都是你人生道路上的正确选择。

每个人的人生都没有事先的剧本，不少人会认为这是命运安排的曲折人生旅程。但我以为，每个人的人生道路最终是自己走出来的，命运只是在人生的岔路口提供给你选择的机会。本书第一讲曾提到过很多人欣赏的哲学家尼采的一句名言："每一个不曾起舞的日子，都是对生命的辜负。"成为一名研究生的选择，就是你人生道路上的一次重要"起舞"。

在此，我想对刚刚入学或即将毕业，或者已经毕业的研究生赠送一句共勉的话，作为本书的结束：

一切过往，皆为序章，每一个今天都是新的起点。

2023年9月终稿于长沙岳麓山上游村

参考文献与注释

[1] Woolston C. Stress and uncertainty drag down graduate students' satisfaction [J]. Nature, 2022, 610: 805-808.

[2] [美] 亚伯拉罕·马斯洛. 寻找内在的自我：马斯洛谈幸福 [M]. 爱德华·霍夫曼, 编. 张登浩, 译. 北京：机械工业出版社, 2018: 8.

[3] 国务院学位委员会第六届学科评议组. 一级学科博士、硕士学位基本要求 [M]. 北京：高等教育出版社, 2014: 235-241.

[4] 汇建媒体. 本、硕、博的区别之"兔子理论" [EB/OL]. (2018-05-18) [2023-03-25]. https：//baijiahao.baidu.com/s?id=1600788967057120634&wfr=spider&for=pc.

[5] Kidd C, Hayden B Y. The psychology and neuroscience of curiosity [J]. Neuron, 2015, 88: 449-460.

[6] Daw N D, O'Doherty J P, Dayan P, et al. Cortical substrates for exploratory decisions in humans [J]. Nature, 2006, 441: 876-879.

[7] Kang M J, Hsu M, Krajbich I M, et al. The wick in the candle of learning: Epistemic curiosity activates reward circuitry and enhances memory [J]. Psychological Science, 2009, 20: 963-973.

[8] [英] 伊恩·莱斯利. 好奇心: 保持对未知世界永不停息的热情 [M]. 马婕, 译. 北京: 中国人民大学出版社, 2017: 49.

[9] Boureau Y L, Dayan P. Opponency revisited: Competition and cooperation between dopamine and serotonin [J]. Neuropsychopharmacology, 2011, 36: 74-97.

[10] 经典课程编委会. 北大哲学课 [M]. 北京: 北京联合出版公司, 2014: 277.

[11] [美] 卡迈恩·加洛. 乔布斯的魔力讲演 [M]. 葛志福, 译. 北京: 中信出版集团, 2015: 221-224.

[12] 辞海编辑委员会. 辞海(第六版)[M]. 上海: 上海辞书出版社, 2009: 2413.

[13] [美] 威尔·杜兰特. 哲学的故事 [M]. 蒋剑峰, 张程程, 译. 杭州: 浙江大学出版社, 2013: 3.

[14] [德] 恩格斯. 自然辩证法 [M]. 北京: 人民出版社, 2018: 67.

[15] 同上书, 第42页。

[16] 同上书, 第75页。

[17] 同上书, 第18-19页。

[18] 经典课程编委会. 北大哲学课 [M]. 北京: 北京联合出版公司, 2014: 158.

[19] 马克思恩格斯全集: 第26卷 [M]. 北京: 人民出版社, 2014: 23.

[20] [德] 恩格斯. 自然辩证法 [M]. 北京: 人民出版社, 2018: 21.

[21] 同上书, 第 23, 27 页。

[22] 同上书, 第 92 页。

[23] 同上书, 第 97 页。

[24] 同上书, 第 98 页。

[25] [春秋] 李耳. 道德经 [M]. 北京: 光明日报出版社, 2014: 6.

[26] 同上书, 第 74 页。

[27] 同上书, 第 198 页。

[28] 同上书, 第 28 页。

[29] 同上书, 第 34, 187 页。

[30] 同上书, 第 217, 219 页。

[31] 邹承鲁. 维护科学尊严 探索科学真理 [M]. 南昌: 江西科学技术出版社, 2003: 213.

[32] 王国维. 人间词话 [M]. 周锡山, 编校. 上海: 上海三联书店, 2013: 127.

[33] He Q Y, Cao J, Liu X H, et al. DEPD: A novel database for differentially expressed proteins [J]. Bioinformatics, 2005, 21: 3694-3696.

[34] He Q Y, He Q Z, Deng X C, et al. ATDB: A uni-database platform for animal toxins [J]. Nucleic Acids Research, 2008, 36: 293-297.

[35] 杨振宁. 杨振宁文录: 一位科学大师看人与这个世界 [M]. 海口: 海南出版社, 2002: 311.

[36] Liang S P, Yang D, Zhang L X. The primary structure

of the lactate dehydrogenase isozyme M4 from giant panda [J]. Scientia Sinica Series B, 1987, 30: 149-160.

[37] Liang S P, Zhang L X. A comparison of the primary structures of lactate dehydrogenase isozymes M4 from giant panda, red panda, black bear and dog [J]. Scientia Sinica Series B, 1987, 30: 270-282.

[38] Shen H, Liu D, Wu K, et al. Structures of human $Na_v1.7$ channel in complex with auxiliary subunits and animal toxins [J]. Science, 2019, 363: 1303-1308.

[39] Peng K, Chen X D, Liang S P. The effect of Huwentoxin-I on Ca^{2+} channels in differentiated NG108-15 cells, a patch-clamp study [J]. Toxicon, 2001, 39: 491-498.

[40] Peng K, Shu Q, Liu Z H, et al. Function and solution structure of huwentoxin-IV, a potent neuronal tetrodotoxin (TTX)-sensitive sodium channel antagonist from Chinese bird spider *Selenocosmia huwena* [J]. Journal of Biological Chemistry, 2002, 277: 47564-47571.

[41] Qu Y, Liang S P, Ding J, et al. Proton nuclear magnetic resonance studies on huwentoxin-I from the venom of the spider *Selenocosmia huwena*: 1. Sequence-specific ^{1}H-NMR assignments [J]. Journal of Protein Chemistry, 1995, 14: 549-557.

[42] Qu Y, Liang S P, Ding J, et al. Proton nuclear magnetic resonance studies on huwentoxin-I from the venom of the spider *Selenocosmia huwena*: 2. Three-dimensional structure in solution [J]. Journal of Protein

Chemistry, 1997, 16: 565-574.

[43] Peng K, Lin Y, Liang S P. Nuclear magnetic resonance studies on huwentoxin-XI from the Chinese bird spider *Ornithoctonus huwena*: ^{15}N labeling and sequence-specific ^{1}H, ^{15}N nuclear magnetic resonance assignments [J]. Acta Biochimica et Biophysica Sinica, 2006, 38: 457-466.

[44] 华罗庚. 大哉数学之为用: 华罗庚科普著作选集 [M]. 上海: 上海教育出版社, 2018: 274.

[45] Liang S P, Zhang D Y, Pan X, et al. Properties and amino acid sequence of huwentoxin-I, a neurotoxin purified from the venom of the Chinese bird spider *Selenocosmia huwena* [J]. Toxicon, 1993, 31: 969-978.

[46] Zhang D Y, Liang S P. Assignment of the three disulfide bridges of huwentoxin-I, a neurotoxin from the spider *selenocosmia huwena* [J]. Journal of Protein Chemistry, 1993, 12: 735-740.

[47] Liang S P, Pan X. A lectin-like peptide isolated from the venom of the Chinese bird spider *Selenocosmia huwena*[J]. Toxicon, 1995, 33: 875-882.

[48] Lü S, Liang S P, Gu X. Three-dimensional structure of *Selenocosmia huwena* lectin-I (SHL-I) from the venom of the spider *Selenocosmia huwena* by 2D-NMR [J]. Journal of Protein Chemistry, 1999, 18: 609-617.

[49] Siebert H C, Lu S Y, Wechselberger R, et al. A lectin from the Chinese bird-hunting spider binds sialic acids

[J]. Carbohydrate Research, 2009, 344: 1515-1525.

[50] 不列颠百科全书公司. 不列颠简明百科全书 [M]. 北京: 中国大百科全书出版社, 2005: 1991.

[51] [美] 丹尼尔·戈尔曼. 情商: 为什么情商比智商更重要 [M]. 杨春晓, 译. 北京: 中信出版集团, 2018: 22.

[52] Shu Q, Liang S P. Purification and characterization of huwentoxin-II, a neurotoxic peptide from the venom of the Chinese bird spider *Selenocosmia huwena* [J]. The Journal of Peptide Research, 1999, 53: 486-491.

[53] Shu Q, Lu S Y, Gu X C, et al. The structure of spider toxin huwentoxin-II with unique disulfide linkage: Evidence for structural evolution [J]. Protein Science, 2002, 11: 245-252.

[54] Tang C, Zhou X, Nguyen P T, et al. A novel tarantula toxin stabilizes the deactivated voltage sensor of bacterial sodium channel [J]. The FASEB Journal, 2017, 31: 3167-3178.

[55] Zhou X, Xiao Z, Xu Y, et al. Electrophysiological and pharmacological analyses of $Na_v1.9$ voltage-gated sodium channel by establishing a heterologous expression system [J]. Frontiers in Pharmacology, 2017, 8: 852-852.

[56] Zhou X, Ma T, Yang L, et al. Spider venom-derived peptide induces hyperalgesia in $Na_v1.7$ knockout mice by activating $Na_v1.9$ channels [J]. Nature Communications, 2020, 11: 2293.

[57] 李锋亮. 缓解研究生心理压力需构建中国式导学关系 [N].

中国科学报，2022-12-27（3）.

[58] 毛泽东《体育之研究》原文于1917年4月1日发表在《新青年》（第3卷第2号）。当时署名"二十八画生"，即毛泽东三字繁体共二十八画。1958年3月人民体育出版社曾以同一署名将此文印成单行本，内部发行。1979年8月，《新体育》第8期再次发表该文章，同年12月人民体育出版社又出单行本，署名均改为毛泽东，同时作了校勘，加了新式标点和注释，并附有白话释文。

[59] Li X W, Xie C, Cao J, et al. An *in vivo* membrane density perturbation strategy for identification of liver sinusoidal surface proteome accessible from the vasculature [J]. Journal of Proteome Research, 2009, 8: 123-132.

[60] Li X W, Jin Q, Cao J, et al. Evaluation of two cell surface modification methods for proteomic analysis of plasma membrane from isolated mouse hepatocytes [J]. Biochimica et Biophysica Acta, 2009, 1794: 32-41.

[61] Li X W, Cao J, Jin Q, et al. A proteomic study reveals the diversified distribution of plasma membrane-associated proteins in rat hepatocytes [J]. Journal of Cellular Biochemistry, 2008, 104: 965-984.

[62] 刘波.哈佛教授对博士生的8个忠告：做科研要靠大树还是靠自己？[EB/OL].（2021-10-06）[2023-03-25]. https://baijiahao.baidu.com/s?id=1712849619614449786&wfr=spider&for=pc.

[63] [荷兰] 斯宾诺莎.笛卡尔哲学原理 [M].王荫庭，译.北

京：商务印书馆，2019：21-22.

[64] 张楚廷.张楚廷教育文集 第34卷 人生格言：一位教师的感悟[M].重庆：西南师范大学出版社，2016：19-20.

[65] 梁宋平.幸福感的由来：生物学机制与启示[M].北京：科学出版社，2022：211-214.

[66] 马克思恩格斯全集：第3卷[M].北京：人民出版社，1960：84.

[67] 马克思恩格斯选集：第1卷[M].北京：人民出版社，1995：60.

[68] [法]斯坦尼斯拉斯·迪昂.脑与意识：破解人类思维之迷[M].章熠，译.杭州：浙江教育出版社，2018：19.

[69] Lewis L D. The interconnected causes and consequences of sleep in the brain [J]. Science, 2021, 374: 564-568.

[70] San Francisco Edit 网址：https://www.sfedit.net/newsletters.

[71] 邹承鲁.维护科学尊严 探索科学真理[M].南昌：江西科学技术出版社，2003：5，109.

[72] [美]K.巴克.生物实验室管理手册[M].黄伟达，王维荣，译.北京：科学出版社，2006：125.

[73] 全国信息与文献标准化技术委员会.学位论文编写规则：GB/T 7713.1—2006[S/OL].[2023-06-15].https://std.samr.gov.cn/gb/search/gbDetailed?id=71F772D7C5F6D3A7E05397BE0A0AB82A.

[74] [英]达尔文.人类的由来（上册）[M].潘光旦，胡寿文，译.北京：商务印书馆，2017：163，165.

[75] 江才健.杨振宁传：规范与对称之美[M].贵阳：贵州人民出版社，2022：392.

［76］汪国真.汪国真诗精选［M］.海口：南海出版公司，2016：53.

［77］马克思恩格斯选集：第1卷［M］.北京：人民出版社，1995：459.

［78］范内瓦·布什，拉什·D.霍尔特.科学：无尽的前沿［M］.崔传刚，译.北京：中信出版集团，2021：56，57，80.

致　谢

　　我首先要感谢我在硕士研究生、博士研究生和博士后阶段的三位导师，他们分别是北京大学的李建武先生、张龙翔——先生和波士顿大学的 R.Laursen 先生。三位导师不仅领我进入生物化学的学术殿堂，使我形成自己的学术志趣，而且本书中我表述的一些观点和理念也源自他们的教诲。

　　我也从内心感谢在湖南师范大学和北京大学与我一起度过一段难忘时光的研究生们。他们自身的努力和他们的探索发现不仅帮助我完成一系列国家自然科学基金、国家 863 计划、973 计划等重要科研项目，而且教给我所在研究领域新的知识。特别是他们各具特色的经历和故事给我带来了写作本书的灵感。今天分布在国内和世界各地的他们经常发来的问候和信息也给我的晚年生活带来很多愉悦。

　　我衷心感谢湖南师范大学陈敏芝老师和周熙老师对本书书

稿的打印编排以及相关文献查阅上的辛勤帮助。我也衷心感谢刘中华教授在百忙中阅读全书并提出修改意见。

我特别要感谢北京大学出版社的郑月娥老师对本书出版的宝贵支持和帮助。我也要特别感谢北京大学出版社的刘洋老师在本书书稿的审阅、修订、校对等工作上的辛勤付出。我也对在本书的版式和封面设计上作出精心帮助的设计师表达我衷心的感谢。

梁宋平

2024 年 2 月 26 日